CRIME
WORDSEARCH

CRIME
WORDSEARCH

CriMinaLly Good PuZzlEs

SIRIUS

Note to solver: If you're new to wordsearch all you need do is find the words hidden within the grids, where certain words are underlined, these are the only ones you need to find.

SIRIUS

This edition published in 2024 by Sirius Publishing, a division of Arcturus Publishing Limited,
26/27 Bickels Yard, 151–153 Bermondsey Street,
London SE1 3HA

Copyright © Arcturus Holdings Limited
Puzzles by Puzzle Press

ISBN: 978-1-3988-4497-1
AD012220NT

Printed in China

CONTENTS

1   Famous Trials

- ◊ FATTY ARBUCKLE
- ◊ ADOLF BECK
- ◊ LORENA BOBBITT
- ◊ LIZZIE BORDEN
- ◊ DR CRIPPEN
- ◊ ALFRED DREYFUS
- ◊ GALILEO
- ◊ LORD HAW-HAW
- ◊ THE HOLBORN ORGY

- ◊ KRAY TWINS
- ◊ LEOPOLD AND LOEB
- ◊ CHARLES MANSON
- ◊ WILLIAM PENN
- ◊ SALEM WITCH TRIALS
- ◊ O.J. SIMPSON
- ◊ SOCRATES
- ◊ THE CHICAGO SEVEN
- ◊ VANDERBILT

```
I Y Z E O C C I C B K S A
N R O B L O H K P C G A N
L V B P G K D R E Y F U S
F A E I G C C B K G W Z B
D N Y C M K H U G S T S O
N D Y N R R W I B A R I B
T E O D A I Z H C R B M B
D R I N D L P P N A A P I
G B W R A G T P M R G S T
M I D B L A M L E D O O T
A L I O K L H V L N Y N V
N T E R R I F H A W H A W
S B A D D L L K S R N F Y
O Y E E S E T A R C O S P
N T H N D O E D A A D P Y
```

2 Criminal Biopics

- AMERICAN GANGSTER
- AVIATOR
- BIG SHORT
- BLACK MASS
- BLOW
- CATCH ME IF YOU CAN
- CHOPPER
- DOG DAY AFTERNOON
- DONNIE BRASCO

- JESSE JAMES
- PUBLIC ENEMIES
- THE BANK JOB
- THE BLING RING
- THE GODFATHER
- THE INSIDER
- THE KRAYS
- THE WOLF OF WALL STREET
- ZODIAC

```
Y T E N T U Y A D G O D B
W O L B U R C T N C K A D
V K C U H A O I Z S R D G
O R E I T D R H D R S A U
C A N C L G O L S U W H B
R Y H V N B A N K J O B R
E S I I M Y U E N N H E G
P S L L O Y U P F I H R A
P B U H I F C I S T E O N
O Z H I L R I H A W F T G
H O S A I G B F L O W A S
C D G E R E D I S N I I T
D I L U M O C D V H L V E
S A D F G A V V V I I A R
E C S S A M J T E S N G Y
```

9

3 *Lives of the Most Remarkable Criminals, Arthur Lawrence Hayward, 1735*

There has been some discussion as to the exact site of Tyburn gallows, but there can be little doubt that the great permanent three-beamed erection—the Triple Tree—stood where now the Edgware Road joins Oxford Street and Bayswater Road. A triangular stone let into the roadway indicates the site of one of its uprights. In 1759 the sinister beams were pulled down, a moveable gibbet being brought in a cart when there was occasion to use it. The moveable gallows was in use until 1783, when the place of execution was transferred to Newgate; the beams of the old structure being sawn up and converted to a more genial use as stands for beer-butts in a neighbouring public-house.

```
E D H R R E T A W S Y A B
L T D Y N O I T C E R E E
P A R I S T O N E O T T E
I Y I Z S I S D R X R T R
R S A N E C G D O A A F B
T I N W E D U A N U C C U
R N E O D G G S L A B S T
I I W X K A F W S L T T T
A S G F M E O U A I O S S
N T A O R N U R O R O W B
G E T R G I B B E T E N S
U R E D N O I T U C E X E
L D O C C A S I O N T S F
A N W A S T H G I R P U U
R M Y E E R U T C U R T S
```

4 Strange Thefts

- ◊ BEACH
- ◊ BLACK TRUFFLES
- ◊ BRIDGE
- ◊ EINSTEIN'S BRAIN
- ◊ FAJITAS
- ◊ INSECTS
- ◊ LAKESIDE CABIN
- ◊ LAWN
- ◊ LOCOMOTIVE

- ◊ NUTELLA
- ◊ PARMESAN
- ◊ PET SHARK
- ◊ ROCKET ENGINE
- ◊ SKI LIFT
- ◊ TARANTULAS
- ◊ TWO DEAD TOES
- ◊ WHEAT SACKS
- ◊ X-RAYS

```
Y T Z E T Z C F K V O G G
S E O T F I L I K S Y B I
F S T A E H W I B B L E S
A K M N E K B R R A O A T
L E S I B V R I L F C C C
L S Y A R X D A A T O H E
E B I R O G W J H P M Z S
T N W B E N I M A S O U N
U D G I Z T E R B E T E I
N C I I A B M G T L I E R
N A F S N E P P I F V Y P
E B C T S E M D S F E N U
D I V A B L Y Y Y U V V B
E N N R Y E R V C R Y E U
S A L U T N A R A T U K B
```

13

5 *The Wisdom of Father Brown, G.K. Chesterton, 1914*

The consulting-rooms of Dr Orion Hood, the eminent criminologist and specialist in certain moral disorders, lay along the sea-front at Scarborough, in a series of very large and well-lighted french windows, which showed the North Sea like one endless outer wall of blue-green marble. In such a place the sea had something of the monotony of a blue-green dado: for the chambers themselves were ruled throughout by a terrible tidiness not unlike the terrible tidiness of the sea. It must not be supposed that Dr Hood's apartments excluded luxury, or even poetry. These things were there, in their place; but one felt that they were never allowed out of their place. Poetry was there: the left-hand corner of the room was lined with as complete a set of English classics as the right hand could show of English and foreign physiologists. But if one took a volume of Chaucer or Shelley from that rank, its absence irritated the mind like a gap in a man's front teeth.

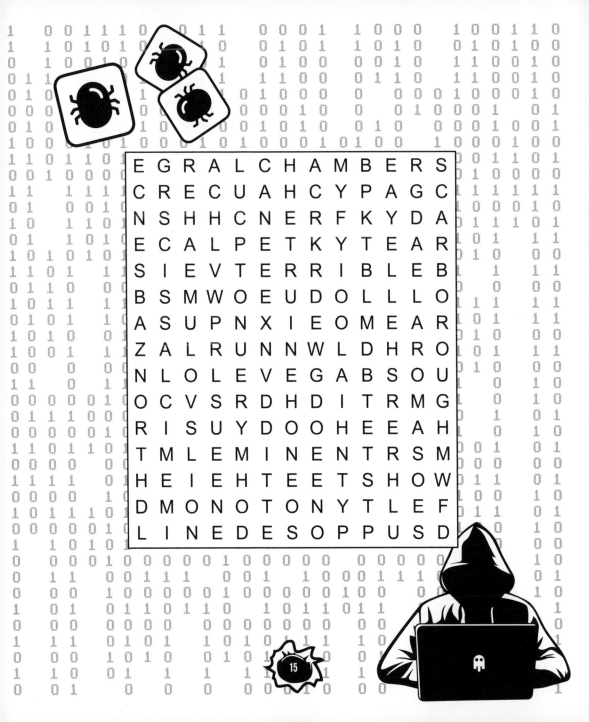

```
E G R A L C H A M B E R S
C R E C U A H C Y P A G C
N S H H C N E R F K Y D A
E C A L P E T K Y T E A R
S I E V T E R R I B L E B
B S M W O E U D O L L L O
A S U P N X I E O M E A R
Z A L R U N N W L D H R O
N L O L E V E G A B S O U
O C V S R D H D I T R M G
R I S U Y D O O H E E A H
T M L E M I N E N T R S M
H E I E H T E E T S H O W
D M O N O T O N Y T L E F
L I N E D E S O P P U S D
```

To Kill a Mockingbird

◊ ALABAMA	◊ HARPER LEE
◊ CLASS	◊ LYNCHING
◊ COURTROOM DRAMA	◊ MAYCOMB
◊ MAYELLA EWELL	◊ MOB MENTALITY
◊ FALSE ACCUSATION	◊ PULITZER PRIZE
◊ ATTICUS FINCH	◊ RACIAL INEQUALITY
◊ GREAT DEPRESSION	◊ BOO RADLEY
◊ INNOCENCE	◊ TOM ROBINSON
◊ JUSTICE	◊ SCOUT

N	N	O	I	T	A	S	U	C	C	A	R	R
N	U	K	U	K	F	F	S	H	V	R	G	J
O	E	O	O	D	I	A	A	S	C	A	B	U
I	C	C	B	A	R	R	M	H	S	W	O	S
S	Y	R	N	C	P	A	R	A	G	A	M	T
S	S	F	A	E	B	V	M	L	B	A	L	I
E	Y	A	R	D	C	M	G	A	Z	A	N	C
R	H	L	O	N	L	O	O	N	N	V	L	E
P	E	C	Y	D	U	E	N	C	F	B	Y	A
E	I	P	N	N	E	M	Y	N	Y	E	Z	M
D	L	G	I	I	C	R	A	C	I	A	L	T
O	W	L	E	B	F	H	N	Y	A	M	M	O
E	G	O	E	P	U	L	I	T	Z	E	R	U
E	V	L	T	W	N	O	S	N	I	B	O	R
L	H	C	Y	F	E	W	C	R	G	N	H	M

17

7 Legal Phrases – Part One

◊ ABATEMENT

◊ ACCESSORY

◊ ACCOMPLICE

◊ BANKRUPTCY

◊ BENCH

◊ CERTIORARI

◊ GARNISHEE

◊ INDICT

◊ JUDGEMENT

◊ JURY SERVICE

◊ LAWSUIT

◊ LIEN

◊ OATH

◊ ORDER

◊ PAROLE

◊ STATUTE

◊ SUI GENERIS

◊ WITNESS

```
U S Y C T P U R K N A B E
A I Z S Y R G S W T E K C
Z R D B S N N B K A Z M I
F E O T N E M E G D U J L
H N J M I E N N V M C I P
A E U L E U L T Z C R G M
C G R O T U A O I A L A O
C I Y E H I R N R W H R C
E U S H T D U O Y A Z N C
S S E F E U I S A Z P I A
S B R R B T T N W A O S S
O E V M R H H A D A R H A
R N I E C T D L T I L E Y
Y C C H P G T H K S C E G
R H E A B A T E M E N T C
```

8   *Tyburn Tree: Its History and Annals, Alfred Marks, 1908*

Looking back down the <u>long</u> <u>vista</u> of <u>six</u> hundred years, we see an innumerable crowd faring to their death from the <u>Tower</u> of <u>London</u> or from the <u>prison</u> of <u>Newgate</u> to the chief of English Aceldamas, the field of <u>blood</u> known as <u>Tyburn</u>. Of this <u>crowd</u> there exists no census, we can but make a <u>rough</u> estimate of the <u>number</u> of those who suffered a <u>violent</u> death at Tyburn: a moderate computation would <u>place</u> the number at fifty thousand. It is composed of all <u>sorts</u> and conditions of men, of <u>peers</u> and populace, of priests and <u>coiners</u>, of murderers and of <u>boys</u> who have <u>stolen</u> a few <u>pence</u>, of clergymen and <u>forgers</u>—sometimes of men who in their person unite the two characters—of men <u>versed</u> in the literature of Greece and <u>Rome</u>, of <u>men</u> knowing no language but the <u>jargon</u> of thieves. Cheek by <u>jowl</u> are men convicted of the <u>most</u> hideous crimes—men whose only <u>offence</u> is that they have <u>refused</u> to renounce their most cherished <u>beliefs</u> at the bidding of tyrant <u>king</u> or tyrant <u>mob</u>. As a final <u>touch</u> of grim humour the ex-hangman sometimes <u>figures</u> in the procession, on the <u>way</u> to be <u>hanged</u> by his <u>successor.</u>

```
L T T N O G R A J S X S F
O O E C N E P T Y B U R N
N W S T O L E N P R I E H
D E S R E V G N O L B E A
O R X I S T J O W L A P N
N L O F O R G E R S N C G
B O M U C R O W D E H R E
O E C B G Y A W W D O O D
Y H L K L H S G S M R S C
S N R I F O A T E E E S O
A O E N E T O T R N F E I
T S B G E F W D U O U C N
S I M H M O S T G C S C E
I R U T N E L O I V E U R
V P N E C N E F F O D S S
```

9 Monk

- ◊ AMBROSE
- ◊ NEVEN BELL
- ◊ CLUES
- ◊ COMEDY
- ◊ RANDY DISHER
- ◊ SHARONA FLEMING
- ◊ IT'S A JUNGLE OUT THERE
- ◊ JACK JR
- ◊ CHARLES KROGER

- ◊ ADRIAN MONK
- ◊ NEUROSES
- ◊ OBSERVATIONS
- ◊ PHOBIAS
- ◊ PRIVATE DETECTIVE
- ◊ SAN FRANCISCO
- ◊ SOLVING
- ◊ TONY SHALHOUB
- ◊ NATALIE TEEGER

```
O C S I C N A R F N A S N
A R A Y O P N D G M S V U
S M I S R F S M Z M E D E
N J B T O C E E H I U I V
O A O E A L O T Z C L R I
I C H A L M V M K G C E T
T K P Z M L B I E G U G C
A J R O N S B R N D V O E
V R N E N Y D I O G Y R T
R K F P G S M W S S R K E
E R W I N E U R O S E S D
S U H Y L R E W R T H Z F
B K A F O H Z T S Y S F Z
O J U N G L E G L A I C E
B U O H L A H S A R D F U
```

10 Homicidal Words

◊ ASSASSINATION

◊ BUTCHER

◊ CARNAGE

◊ CARNAL

◊ DISPATCH

◊ GENOCIDAL

◊ KILL

◊ MANIAC

◊ MURDEROUS

◊ POISONER

◊ REVENGE

◊ SADISTIC

◊ SLAIN

◊ SLAUGHTER

◊ SLAYER

◊ STRANGLER

◊ UNHINGED

◊ VIOLENT

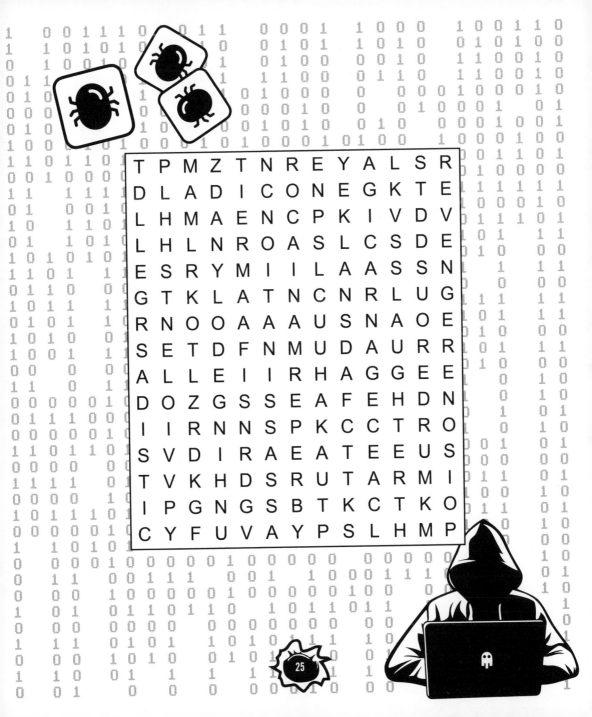

```
T P M Z T N R E Y A L S R
D L A D I C O N E G K T E
L H M A E N C P K I V D V
L H L N R O A S L C S D E
E S R Y M I I L A A S S N
G T K L A T N C N R L U G
R N O O A A A U S N A O E
S E T D F N M U D A U R R
A L L E I I R H A G G E E
D O Z G S S E A F E H D N
I I R N N S P K C C T R O
S V D I R A E A T E E U S
T V K H D S R U T A R M I
I P G N G S B T K C T K O
C Y F U V A Y P S L H M P
```

25

11 *Half-hours with the Highwaymen, Charles G. Harper, 1908*

In the days when the highwaymen flourished, and made travel perilous for law-abiding persons, a five-minutes' interview with one of these "Knights of the Road," who were but rarely knightly in their manners, would have been more than sufficient. Travellers, who had been violently abused, threatened, and robbed, did not observe that atmosphere of romance about the highwaymen, with which, not only modern times, but their own age, enveloped them. The highwaymen have ever been accounted romantic… the highwayman only ceased to be a romantic figure when he stopped and robbed one's self, under the usual circumstances of coarse vituperation and personal indignity. On all other occasions, although he commonly practised after nightfall, he paradoxically moved in a rosy atmosphere, in company with the knightly figures of ancient chivalry.

```
D E B B O R S R E N N A M
I T D E N E T A E R H T G
C E C E A S E D D N C F F
C H C G T T R E W N O L I
H E D N R N S O E Y M E G
I V E A A U M C S P S U
V R V H B M Y O T O A D R
A E O A N A O H C R N E E
L S M A W R G R G C Y P S
R B F H A I E E S R A O C
Y O G R N W T D A O R L L
L I E K P E R S O N S E A
H L S T O P P E D M Y V U
Y I N D I G N I T Y A N S
T N E I C I F F U S D E U
```

12 Famous Sheriffs and Lawmen

◊ ALFRED SHEA ADDIS

◊ BURTON ALFORD

◊ DAVE ALLISON

◊ HENRY BROWN

◊ SETH BULLOCK

◊ FRANK CANTON

◊ FRANK DALTON

◊ VIRGIL EARP

◊ PAT GARRETT

◊ CHARLES GUNN

◊ CAPTAIN JACK HAYS

◊ "WILD BILL" HICKOK

◊ TOM HORN

◊ CHRIS MADSEN

◊ BAT MASTERSON

◊ BASS REEVES

◊ TOM SMITH

◊ BILL TILGHMAN

```
N B Z B A R L U T V C T O
A R I A L N C G A U S F Z
Z O P L F K G D K G E C W
P W F L O B C M R U V A H
Z N A I R T Z O N P E N F
V U R S D T Z D L V E T O
R C I O Y E W A M L R O V
N B D N H R L L A E U N N
A H D C W R Z T S A K B E
M T L H B A K O T R O P S
H I N N U G A N E P K G D
G M H Y H D R L R M C L A
L S G A D K C H S G I Y M
I L C I Y H M O O B H E R
T M S U N S S K N N E T N
```

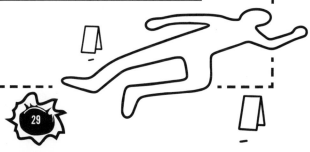

13 *The Godfather*

- ◊ <u>BOSSES</u>
- ◊ MARLON <u>BRANDO</u>
- ◊ JAMES <u>CAAN</u>
- ◊ <u>CAPOS</u>
- ◊ <u>CAR BOMB</u>
- ◊ <u>CONSIGLIERE</u>
- ◊ <u>COPPOLA</u>
- ◊ <u>CORLEONE</u>
- ◊ <u>EXECUTION</u>

- ◊ JOHNNY <u>FONTANE</u>
- ◊ TOM <u>HAGEN</u>
- ◊ HORSE <u>HEAD</u>
- ◊ <u>MAFIA</u>
- ◊ <u>MICHAEL</u>
- ◊ <u>NARCOTICS</u>
- ◊ AL <u>PACINO</u>
- ◊ <u>PROTECTION</u>
- ◊ MARIO <u>PUZO</u>

O O W Y M T C H U R N T S
C Z B E X E O T A O M F S
O H U B S C V C I G C S X
N Y K P A K O T C H E A D
S R B A N R C O O F R N S
I V N B L E P M O Z T O B
G P O E T P L O S H P M M
L V O O O E E N I A O A L
I N R L A N O I C B F S S
E P A H A A C C R I E B M
R F C T A S T A A S I R A
E I N Y Y U C P S P Y A W
M O R S C I T O C R A N L
F U W D P F B N P V T D U
U Z N O I T U C E X E O A

31

14 Highwaymen

◊ BLACK BESS

◊ HARRY DUDSON

◊ GUNPOINT

◊ HOLD UP

◊ JEWELS

◊ JUSTICE OF THE PEACE

◊ TOM KING

◊ KNIGHT OF THE ROAD

◊ MASKED

◊ JOHN PALMER

◊ PISTOLS

◊ POETRY

◊ ROBBERY

◊ STAGECOACH

◊ STAND AND DELIVER

◊ DICK TURPIN

◊ VALUABLES

◊ YOUR MONEY OR YOUR LIFE

```
S L O T S I P J D N A T S
P C T K N G U N P O I N T
O W K G Z S L E S R U C N
E U Y N T N O S D U D S G
T I V I L O E R T U T B N
R F C K S B E H E A U I K
Y E F C K L G W G V P Z P
M P M C O I E E U R Y F U
Y Z A L N G C W U R I L D
E L V K A O R T E F W E L
B F B L A P U B F J K A O
E P I C V D B I I S N W H
R F H L I O H T A Z C I F
W O R W R B T M B Y D S B
S E L B A U L A V W E U N
```

15

London's Underworld,
Thomas Holmes, 1912

The canals of Hoxton, Haggerston and Islington, dirty and dangerous as they are, prove seductive to the boys who live close to them. Now the police have an anxious time. Again they must look after Tom, Dick and Harry, for demure respectability must not be outraged by a sight of their naked bodies. Someone kindly informs them that a dozen boys are bathing in the canal near a certain bridge, and quickly enough they find them in the very act. There the little savages are! They see the policeman advancing, and those that can swim get ashore and run for their little bits of clothing, tied up in a bundle ready for emergencies. Into the water again they go for the other side! Those who cannot swim seize their bundles, and, without waiting to dress, run naked and unashamed along the canal, side, to the merriment of the bargees, and the joy of the women and girls who happen to have no son or brother amongst them, for the underworld is not so easily shocked as the law and its administrators imagine.

S	L	A	N	A	C	A	N	X	I	O	U	S
G	N	I	H	T	O	L	C	E	E	H	I	S
N	T	Y	W	N	H	R	L	T	D	A	N	E
A	S	H	E	A	E	T	O	T	I	R	F	E
K	W	Z	G	H	T	M	S	N	S	R	O	G
E	O	A	T	I	H	E	E	E	S	Y	R	R
D	E	O	L	D	S	H	R	M	E	E	M	A
D	R	A	S	H	O	R	E	I	R	C	S	B
B	U	S	W	O	M	E	N	R	D	I	C	K
I	M	A	G	I	N	E	U	R	B	L	B	H
T	E	Z	I	E	S	E	R	E	R	O	U	O
S	D	E	K	C	O	H	S	M	I	P	N	X
U	N	D	E	R	W	O	R	L	D	Y	D	T
N	O	T	G	N	I	L	S	I	G	O	L	O
G	N	I	H	T	A	B	L	K	E	J	E	N

16   Legal Phrases – Part Two

◊ ABANDONMENT

◊ ABUTTALS

◊ ACCUSED

◊ ACQUIT

◊ ATTORNEY

◊ BARRISTER

◊ BINDING

◊ DE FACTO

◊ LITIGANT

◊ MENS REA

◊ PARDON

◊ PERJURY

◊ PROVISO

◊ REMAND

◊ SOLICITOR

◊ TORT

◊ TREASON

◊ VERDICT

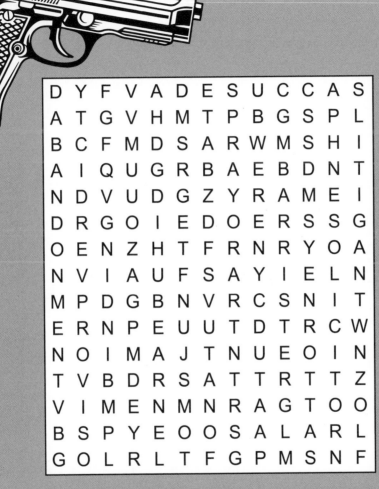

```
D Y F V A D E S U C C A S
A T G V H M T P B G S P L
B C F M D S A R W M S H I
A I Q U G R B A E B D N T
N D V U D G Z Y R A M E I
D R G O I E D O E R S S G
O E N Z H T F R N R Y O A
N V I A U F S A Y I E L N
M P D G B N V R C S N I T
E R N P E U U T D T R C W
N O I M A J T N U E O I N
T V B D R S A T T R T T Z
V I M E N M N R A G T O O
B S P Y E O O S A L A R L
G O L R L T F G P M S N F
```

37

17   Heist Movies

◊ *A FISH CALLED <u>WANDA</u>*

◊ *<u>BABY</u> DRIVER*

◊ *<u>BLING</u> RING*

◊ *<u>BONNIE</u> AND CLYDE*

◊ *<u>DOG DAY</u> AFTERNOON*

◊ *FAST <u>FIVE</u>*

◊ *<u>INSIDE</u> MAN*

◊ *OCEAN'S <u>ELEVEN</u>*

◊ *OUT OF <u>SIGHT</u>*

◊ *<u>PUBLIC</u> ENEMIES*

◊ *SEXY <u>BEAST</u>*

◊ *<u>SNATCH</u>*

◊ *THE <u>ITALIAN</u> JOB*

◊ *THE <u>LAVENDER</u> HILL MOB*

◊ *THE <u>STING</u>*

◊ *TO CATCH A <u>THIEF</u>*

◊ *<u>TOWER</u> HEIST*

◊ *<u>WIDOWS</u>*

```
I E F Z T E Z K T F D E F
Z W W I D O W S M M O I G
M P A I V H W A R Y G N F
Z V S N R E V E M S D N U
H N V N D T L M R P A O E
I E G T A A F R B P Y B T
O G L C H T G B W L F G M
A W P E L I C T H G I S M
C V U M V A E H K F S N N
I T O Z Z E V F S T P A G
L O S O U C N E I E I C P
B K S A R S Y N N L T E T
U A A P E B G D A D U O R
P V O D A B Z T N O E G R
C H F B F A I M R D N R M
```

39

18 *Arsène Lupin*, Maurice Leblanc (Translator: Edgar Jepson), 1907

"Arsène Lupin! ... it's ... it's true!" stammered Sonia. "But then, but then ... it must be for my sake that you've given yourself up. And it's for me you're going to prison. Oh, Heavens! How happy I am!"

She sprang to him, threw her arms round his neck, and pressed her lips to his.

"And that's what women call repenting," said Guerchard.

He shrugged his shoulders, went out on to the landing, and called to the policeman in the hall to bid the driver of the prison-van, which was waiting, bring it up to the door.

"Oh, this is incredible!" cried Lupin, in a trembling voice; and he kissed Sonia's lips and eyes and hair. "To think that you love me enough to go on loving me in spite of this—in spite of the fact that I'm Arsène Lupin. Oh, after this, I'll become an honest man! It's the least I can do. I'll retire."

"You will?" cried Sonia.

"Upon my soul, I will!" cried Lupin; and he kissed her again and again.

```
N G N I D N A L E T I P S
O V N S P I L E Y E S K G
S D D B Y R U P G V P F N
I H F R E O P C N L R L I
R R R T A A I D I E A E L
P I F U H H N E V A N S B
B A B L G I C I O S G R M
T H I U N G R R L T R U E
K C D O I D E C E D O O R
I L A S T N D D H U M Y T
S A A F I E I D O A G O K
S K I A A C B W N R D C N
E N G N W K L N E M O W I
D A E V O L E Z S S E S H
G N I R B S R E T I R E T
```

41

The Fugitive

◊ AMBULANCE

◊ BURGLARY

◊ COOK COUNTY HOSPITAL

◊ EXONERATED

◊ HARRISON FORD

◊ DEPUTY MARSHALL GERARD

◊ INNOCENT

◊ TOMMY LEE JONES

◊ RICHARD KIMBLE

◊ ON THE RUN

◊ ONE-ARMED MAN

◊ PRISON BUS

◊ PROVASIC

◊ STORM DRAIN

◊ SYKES

◊ TV SERIES

◊ UXORICIDE

◊ VASCULAR SURGEON

```
S D A U T D D E R N D A K
L W M E T B R J K O W F F
U U B L E C V O D S B L O
X O U B I T O N F I D D Z
O N L M F C V E U R E V D
R T A I P Z S S A P T R O
I H N K U E R L C V A S N
C E C Y K P U I S I R S E
I R E Y F C S E N G E N A
D U S O S A R F E O N Y R
E N U A V I H R C K O B M
F W V O E Y A D N O X U E
K E R S E R A N F L E E D
T P I K D I N N O C E N T
Y R A L G R U B C N B D M
```

Medieval Criminals

- ◊ JOHNNIE ARMSTRONG
- ◊ ELIZABETH BATHORY
- ◊ PIERRE BURGOT
- ◊ THE COTEREL GANG
- ◊ AGNES DAYTHEF
- ◊ HUGH DESPENSER
- ◊ FOLVILLE FAMILY
- ◊ ROGER GODBERD
- ◊ HENRY GOLICHTLY

- ◊ JASPER HANEBUTH
- ◊ ROGER LAWELES
- ◊ JOHN LE FATTE
- ◊ MALCOLM MUSARD
- ◊ PETER NIERS
- ◊ LA QUINTRALA
- ◊ ZU SHENATIR
- ◊ NIKLAUS STULLER
- ◊ GIULIA TOFANA

```
N V V D H M S F N S T H C
A V Z W L T B R S Z O K P
L L N E F G U B E E F G S
W S A F Y M R B A I A O R
B S N R U R G E E G N L E
F U H S T F O T L N A I S
I O A S O N T H H L A C N
G R L Z D A I L T R U H E
D O N V F A E U M A I T P
H A D E I R Y S Q I B L S
H L L B E L T T R A N Y E
Z D Y T E R L I H W L Y D
D O O V O R S E L E W A L
W C D N F U D A O O F F I
K W G Z U S H E N A T I R
```

Scandi-Noir

- ◊ JUSSI <u>ADLER-OLSEN</u>
- ◊ DETECTIVE <u>ERLENDUR</u>
- ◊ BÖRGE <u>HELLSTRÖM</u>
- ◊ CAMILLA <u>LÄCKBERG</u>
- ◊ <u>LAKESIDE</u> MURDERS
- ◊ STIEG <u>LARSSON</u>
- ◊ HENNING <u>MANKELL</u>
- ◊ JO <u>NESBØ</u>
- ◊ <u>NORDIC</u>

- ◊ INSPECTOR KONRAD <u>SEJER</u>
- ◊ MAJ <u>SJÖWALL</u>
- ◊ THE <u>ABSENT</u> ONE
- ◊ THE <u>BRIDGE</u>
- ◊ THE <u>KILLING</u>
- ◊ <u>TRAPPED</u>
- ◊ PER <u>WAHLÖÖ</u>
- ◊ KURT <u>WALLANDER</u>
- ◊ WHAT LIES <u>BENEATH</u>

```
C N R F W H K F Ø I N I F
H Ö Y U L A K E S I D E A
T C R E D N A L L A W O D
A A B S E N T Ø C Ä H M L
E L N S Ä Y E H E E F Ö E
N A B D G N I L L I K R R
E Ø L E H N F G R V P T O
B E V P B R I D G E L S L
Z M G P Ö F N B N L L L S
B Ä I A P M Z O E W A L E
C I D R O N S K A M W E N
I L B T T S N H N F Ö H P
N E P F R A L S Ø C J G F
Ö R Y A M Ö R E J E S N N
K Z L V Ö L Ä C K B E R G
```

47

Gangsters

- ◊ GRISELDA <u>BLANCO</u>
- ◊ WHITEY <u>BULGER</u>
- ◊ AL <u>CAPONE</u>
- ◊ ERNESTO <u>CARRILLO</u>
- ◊ ROY <u>DEMEO</u>
- ◊ RAYFUL <u>EDMOND</u>
- ◊ JOEY <u>GALLO</u>
- ◊ SAM <u>GIANCANA</u>
- ◊ VINCENT <u>GIGANTE</u>

- ◊ JOHN <u>GOTTI</u>
- ◊ HENRY <u>HILL</u>
- ◊ DAWOOD <u>IBRAHIM</u>
- ◊ MEYER <u>LANSKY</u>
- ◊ CARLOS <u>LEHDER</u>
- ◊ FRANK <u>LUCAS</u>
- ◊ DEAN <u>O'BANION</u>
- ◊ SALVATORE <u>RIINA</u>
- ◊ BUGSY <u>SIEGEL</u>

```
G Y A W I M F C G O O V L
N L W A I S A I Z E B N H
O G O C K R A N R M Y R P
I P S A R N P E Z E I E D
N A Y I C T D K E D H G O
A L L A E H U E T I W L Y
B L N W E G N M N S L U K
O A F L Y O E D A A P B G
P T E T P K N L G E I O T
M V Y A K O R C I C T M F
M C C K M F A N G T S N B
B H C D S B A H I H A B W
U I E K I N B L A N C O B
B L E I B R A H I M U P P
C L A N I I R L M Z L W A
```

49

23 *The Criminal & the Community, James Devon, 1912*

The after-effects of a long sojourn in prison are not readily realizable: it would require a very lively imagination to picture the life and its inherent possibilities. The fact that some prisoners do manage to get through their existence without falling into despair may be taken rather as a tribute to the chances of exception confounding rule than as a proof of conversion to virtue through punishment. It is too much to expect that an ordinary man that has been incarcerated for a period of seven, or five, or even three years, can become, on his liberation, once more a "respectable" member of society. His spirit has been cowed; his self-respect has been annihilated; he has been disqualified for reabsorption in the community; he has been prepared to gravitate once more towards crime and prison.

```
D Y L I B E R A T I O N R
O W L I N H E R E N T O R
I T C E P X E G A E O S A
R U L E V K N M V N O I T
E G R A V I T A T E A R H
P E F I L A L Y A V N P E
N D Y L I D A E R E N X R
U O A B E C O M E S I M E
T F I N R U O J O S H C T
T I Y T H R E E T R I R U
C E R F P U C E Z E L I B
A R B I T E N O R B A M I
F O O R P C C V W M T E R
L M I Z E S F X Y E E Z T
E V I F N E E B E M D D Z
```

Jailbreakers

◊ FRANK ABAGNALE

◊ CLARENCE ANGLIN

◊ BEDSHEETS

◊ BILLY THE KID

◊ BRUTE FORCE

◊ TED BUNDY

◊ JOHN DILLINGER

◊ EDWARD EDWARDS

◊ GUARDS

◊ LOAF OF BREAD

◊ METAL FILE

◊ OVER THE WALL

◊ PAPILLON

◊ PASCAL PAYET

◊ SKELETON KEY

◊ TUNNELS

◊ WINE BARREL

◊ WOMEN'S CLOTHES

```
M K Y A U N Y W V G E T D
B I E E S Z O P D S R I A
Z U K B A N G L I N L H B
G M N E Y S E Y L L I B Y
U B O D Z A E M I I B E I
A G T S Y I C N O R P L K
R T E H C T G M E W E A Y
D A L E T E G A T D F T P
S B E E R B D U W Y L E S
T A K T R B N A L V K M L
N G S S N N R T A E M T E
G N N Z E D L U N A L E R
N A U L S D L K T M A Y R
U L S W P A A T M E R A A
S E I C D R W M T D P P B
```

25 *Psychology and Crime, Thomas Holmes, 1912*

I want to show that crime generally does not proceed from sheer wickedness, or the desire to be criminal. I am anxious to burn this into the brain and conscience of the nation. I would like our authorities to accept it as an axiom! For then they would seek as far as possible to understand our criminals, and getting knowledge of them, they would deal differently with them. And dealing differently with them would bring blessed results, for many of our prisons would become useless; they would be untenanted! Of one thing I am quite certain, and it is this: that the best way to learn something of a criminal's mind is to ascertain everything possible with regard to his body.

```
B Y L T N E R E F F I D A
D T B L E S S E D F A R X
U E D E T N A N E T N U I
N R A E L I V B R A I N O
D A L L A N I M I R C C M
E E T W I C K E D N E S S
R O C I E N T U B O D Y K
S A R N O K G S Q O H C N
T C E S E N I E E U M E O
A C G M A I Y L T B I R W
N E A P R O C E E D N T L
D P R I S O N S N Z D A E
G T D C W O H S N R E I D
E L B I S S O P F O U N G
Y L L A R E N E G A C B E
```

Agent Pendergast Novels

◊ *BLOODLESS*

◊ *BLUE LABYRINTH*

◊ *BRIMSTONE*

◊ *CEMETERY DANCE*

◊ *COLD VENGEANCE*

◊ *CRIMSON SHORE*

◊ *CROOKED RIVER*

◊ *DANCE OF DEATH*

◊ *FEVER DREAM*

◊ *RELIC*

◊ *RELIQUARY*

◊ *STILL LIFE WITH CROWS*

◊ *THE CABINET OF DR. LENG*

◊ *THE OBSIDIAN CHAMBER*

◊ *THE WHEEL OF DARKNESS*

◊ *TWO GRAVES*

◊ *VERSES FOR THE DEAD*

◊ *WHITE FIRE*

```
O L M B P O G R A V E S Z
C O L G N E L R D I L R Y
S U U P C K R F Z E I A R
E Z C O G E H L E V E G E
B T L U R Z D H E S N E T
L D A N C E W R C K O P E
O R E L I Q U A R Y T U M
O W O V E R S E S C S Z E
D S Z B L L L L F R M Z C
L E W E S I D G E I I P N
E E B O C I F M V M R N B
S K G K R I D R E S B Y I
S C Y T R C U I R O B H F
M H I E N W A T A N N O Z
V B N G N V I C I N V F E
```

27 *A Treatise on the Police of the Metropolis*, Patrick Colquhoun, 1800

If we look back to the measures pursued by our ancestors two centuries ago, and before that period, we shall find that many wholesome laws were made with a view to prevention, and to secure the good behaviour of persons likely to commit offences. Since that era in our history, a different plan has been pursued. Few regulations have been established to restrain vice, or to render difficult the commission of crimes; while the Statute Books have been filled with numerous Laws, in many instances doubtfully expressed, and whose leading feature has generally been severe punishment. These circumstances, aided by the false mercy of Juries in cases of slight offences, have tended to let loose upon Society a body of criminal individuals, who under a better Police—an improved system of Legislation, and milder punishments,—might, after a correction in Penitentiary Houses, or employment in out-door labour, under proper restraints, have been restored to Society as useful members.

```
U S E R U S A E M D N I F
S R E B M E M C R I M E S
S M R A H S K O O B M R W
O D E S D U N H D D E M A
C E V R E O I I E E R I L
I R E O H H A S U V C L R
E O S T S W R T S O Y D U
T T P S I E T O R R N E O
Y S R E L I S R U P A R B
T E O C B V E Y P M M L A
E R P N A C R I M I N A L
N F E A T U R E T T E B D
D C R I S L I G H T P L O
E B O Z E C D O I R E P O
D N O F F E N C E S G A G
```

28 Guns and Firearms

◊ ARSENAL

◊ ASSAULT

◊ AUTOMATIC

◊ BERETTA

◊ COMPACT

◊ GLOCK

◊ HAMMER

◊ HANDGUN

◊ KALASHNIKOV

◊ MAGAZINE

◊ MAGNUM

◊ PISTOL

◊ PISTON

◊ PUMP ACTION

◊ ROUNDS

◊ RUGER

◊ SHOOTER

◊ SILENCER

N L R E C N E L I S K N R
E O B R A U T O M A T I C
A T I O T G N K P Z L R F
R S H T K D P I S T O N I
V I Y M C N C G D U A O E
H P K A L A S H N I K O V
M I O K R H P D R U G E R
A C Z T A S S M E H C A E
G C G U C P E V U A A T T
A M U N G A M N T P L H O
Z A G W D G P T A U V A O
I B L P R W E M A L B M H
N V O K N R M S O Y E M S
E E C Y E D S K P C N E B
N T K B N A W C I Y C R Z

61

29

Midsomer Murders

◊ BADGER'S DRIFT

◊ DCI TOM BARNABY

◊ DR BULLARD

◊ DANIEL CASEY

◊ CAUSTON ABBEY

◊ CULLY

◊ DEATH IN DISGUISE

◊ NEIL DUDGEON

◊ GARDEN OF DEATH

◊ A GHOST IN THE MACHINE

◊ NICK HENDRIX

◊ JASON HUGHES

◊ BARRY JACKSON

◊ JOHN NETTLES

◊ THE BLACK SWAN

◊ THE HOLLOW MAN

◊ SERGEANT TROY

◊ WRITTEN IN BLOOD

```
C C O N Y U B N Y O A F Y
Z S C L A H C A U S T O N
S W L K U W I H Y K R L G
N U N G D F S B B T R C H
C E H A D R A L L U B D O
Y E D Z C N M K N A U U S
S X C R R A J R D D S M T
D S I A A A S G G E L R W
W O B R C G E E S V A O Y
L F O K D R O T Y Y L L F
W I S L S N E T T L E S B
I O U G B M E S O H F G M
N P B Y I E S H L L M W C
M K Z E S I U G S I D B U
O M A L G V A V E B D B W
```

30

Dead Men Tell No Tales,
E.W. Hornung, 1866

I know now that the <u>battle</u> in the hall was a very <u>brief</u> affair; while it <u>lasted</u>
I had no <u>sense</u> of time; <u>minutes</u> or moments, they were (God forgive me!)
some of the very happiest in all my life. My <u>joy</u> was as <u>profound</u> as it was also
selfish and <u>incongruous</u>. The <u>villains</u> were being <u>routed</u>; of that there could
be no <u>doubt</u> or question. I hoped Rattray might escape, but for the others no
pity stirred in my <u>heart</u>, and even my sneaking sympathy with the <u>squire</u> could
take <u>nothing</u> from the joy that was in my heart. Eva <u>Denison</u> was free. I was
free. Our oppressors would <u>trouble</u> us no more. We were both <u>lonely</u>; we were
both <u>young</u>; we had suffered <u>together</u> and for each other. And here she lay
in my arms, her <u>head</u> upon my <u>shoulder</u>, her soft <u>bosom</u> heaving on my <u>own</u>!
My <u>blood</u> ran <u>hot</u> and <u>cold</u> by <u>turns</u>. I forgot everything but our <u>freedom</u> and
my love. I <u>forgot</u> my sufferings, as I would have you all <u>forget</u> them. I am not to
be <u>pitied</u>. I have been in <u>heaven</u> on earth. I was there that <u>night</u>, in my great
<u>bodily</u> weakness, and in the <u>midst</u> of blood-shed, <u>death</u>, and <u>crime</u>.

D P G S N I A L L I V R S
E O N B T R O U B L E B N
A R U D A E H L S D O F M
T O O B R T O E L D O O D
H U Y T T O T U I R D L N
G T R A D U O L G E O A U
N E H N N H Y O E N C S O
I D W I S T T R E O D T F
H O M G E R F L L F S E O
T H G I N A Y D O D O D R
O Y O J S E E R I U Q S P
N E V A E H G M B O S O M
N O S I N E D P I T I E D
T O G E T H E R B R I E F
L M S U O U R G N O C N I

65

31

Fictional Crime Fighters

- ◊ LEW ARCHER
- ◊ BATMAN
- ◊ OLIVIA BENSON
- ◊ MYRON BOLITAR
- ◊ HARRY BOSCH
- ◊ TEMPERANCE BRENNAN
- ◊ ELVIS COLE
- ◊ ALEX CROSS
- ◊ LUCAS DAVENPORT

- ◊ MATT HELM
- ◊ SHERLOCK HOLMES
- ◊ TRAVIS MCGEE
- ◊ PHILIP MARLOWE
- ◊ MISS MARPLE
- ◊ DIRK PITT
- ◊ HERCULE POIROT
- ◊ JANE RIZZOLI
- ◊ KAY SCARPETTA

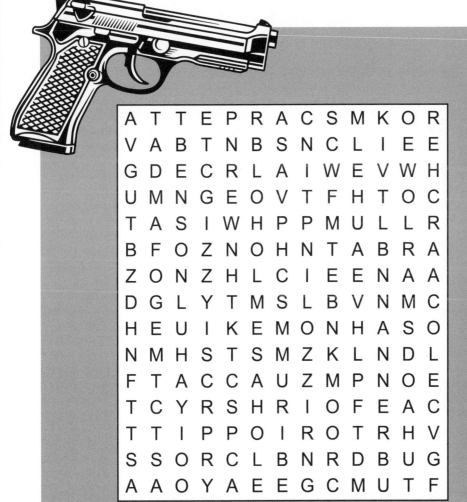

```
A T T E P R A C S M K O R
V A B T N B S N C L I E E
G D E C R L A I W E V W H
U M N G E O V T F H T O C
T A S I W H P P M U L L R
B F O Z N O H N T A B R A
Z O N Z H L C I E E N A A
D G L Y T M S L B V N M C
H E U I K E M O N H A S O
N M H S T S M Z K L N D L
F T A C C A U Z M P N O E
T C Y R S H R I O F E A C
T T I P P O I R O T R H V
S S O R C L B N R D B U G
A A O Y A E E G C M U T F
```

67

32 The Witch Trials

- ◊ ACCUSATION
- ◊ BELVOIR
- ◊ CROP FAILURES
- ◊ CRUCIBLE
- ◊ CUNNING FOLK
- ◊ EXECUTION
- ◊ GOODY GOOD
- ◊ HERESY
- ◊ HYSTERIA

- ◊ MALEFICIUM
- ◊ MORAL PANIC
- ◊ PERSECUTION
- ◊ PURITANISM
- ◊ SALEM
- ◊ SATAN
- ◊ SCAPEGOATS
- ◊ TRIAL
- ◊ WARBOYS

```
K L O F G N I N N U C W D
C I N A P L A R O M R S A
N M N W R H E R E S Y C N
O R E G I M V W H P R A O
I K O L P V A H U O M P I
T O D Z A R Y R P G U E T
U W I V B S I F O H I G A
C U H O T T A O D Y C O S
E K Y E A I D Y V R I A U
X S R N L Y M A U L F T C
E I I U G S T C W T E S C
A S R O A Z I U C K L B A
M E O T R B L N S F A E Z
S D A T L L A I R T M T P
A N P E R S E C U T I O N
```

33 *Criminal Psychology: A Manual for Judges, Practitioners, and Students*, Hans Gross, 1911
Translator: Horace Meyer Kallen

One of the criminal judge's grossest derelictions from duty consists in his simply throwing the witness the question and in permitting him to say what he chooses. If he contents himself in that, he leaves to the witness's conscience the telling of the truth, and the whole truth; the witness is, in such a case, certainly responsible for one part of the untruthful and suppressed, but the responsibility for the other, and larger part, lies with the judge who has failed to do his best to bring out the uttermost value of the evidence, indifferently for or against the prisoner. The work of education is intended for this purpose,—not, as might be supposed, for training the populace as a whole into good witnesses, but to make that individual into a good, trustworthy witness who is called upon to testify for the first, and, perhaps, for the last time in his life. This training must in each case take two directions—it must make him want to tell the truth; it must make him able to tell the truth.

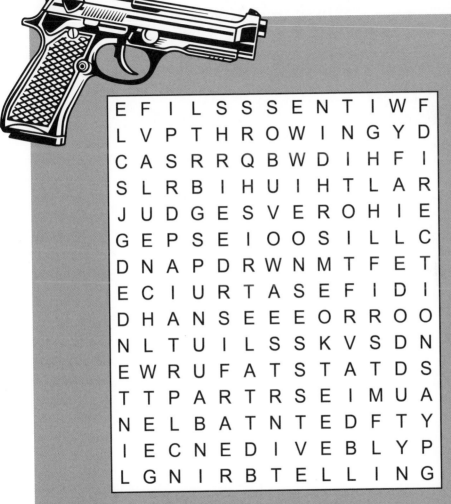

```
E F I L S S S E N T I W F
L V P T H R O W I N G Y D
C A S R R Q B W D I H F I
S L R B I H U I H T L A R
J U D G E S V E R O H I E
G E P S E I O O S I L L C
D N A P D R W N M T F E T
E C I U R T A S E F I D I
D H A N S E E E O R R O O
N L T U I L S S K V S D N
E W R U F A T S T A T D S
T T P A R T R S E I M U A
N E L B A T N T E D F T Y
I E C N E D I V E B L Y P
L G N I R B T E L L I N G
```

71

Movie Detectives

- ◊ JOHN <u>ANDERTON</u>
- ◊ FRANK <u>BULLITT</u>
- ◊ HARRY <u>CALLAHAN</u>
- ◊ JACK <u>CARTER</u>
- ◊ NICK <u>CHARLES</u>
- ◊ JACQUES <u>CLOUSEAU</u>
- ◊ RICK <u>DECKARD</u>
- ◊ JIMMY "POPEYE" <u>DOYLE</u>
- ◊ AXEL <u>FOLEY</u>

- ◊ MIKE <u>HAMMER</u>
- ◊ VINCENT <u>HANNA</u>
- ◊ JOHNNY <u>HOOKER</u>
- ◊ JOHN <u>KIMBLE</u>
- ◊ JOHN <u>MCCLANE</u>
- ◊ PHILIP <u>MARLOWE</u>
- ◊ JOHN <u>RAMBO</u>
- ◊ JOHN <u>SHAFT</u>
- ◊ SAM <u>SPADE</u>

```
P K W A Y T T O T G O O T
Z S N D N N G L I R B I I
C H Z D N D M I U M V C M
E O C R N A E C A L G B N
O H W A T S H R C Z U G N
E B M K R Z O A T L U V E
L S E C Y T S S L O A L G
B H H E M G E I H L N N R
M N O D F E T R A A A F E
I L K O S T L O Y N F C M
K Z L P K C I Y D D N T M
U E A U A E S U O L C A A
Y D E W O L R A M D B K H
E I L F C H A R L E S F B
T H E A K V Z G U I V Y U
```

73

35

Ancient Crimes

- ◊ ADULTERY
- ◊ BLASPHEMY
- ◊ DISTURBING THE PEACE
- ◊ DRUNK IN CHARGE OF A COW
- ◊ GRAVE ROBBING
- ◊ HERESY
- ◊ HIGHWAY ROBBERY
- ◊ HUNTING ROYAL DEER
- ◊ INDECENT TUNICS

- ◊ LOLLARDY
- ◊ POINTY FOOTWEAR
- ◊ SCOLDING
- ◊ SMUGGLING
- ◊ STEALING WHALES
- ◊ THEFT OF INDIVIDUALS
- ◊ TREASON
- ◊ VAGRANCY
- ◊ WATER THEFT

```
Y D R A L L O L K K Y T V
F I B S G N I D L O C S Z
W G S Y A R S C R F G N L
O O B Y E D M P I U I O V
H U C E H Y U T A R M S F
E F D P W I G L F C H A B
R R E T A W G U T E V E L
E G L Z R O L H Y E H R A
S F A V M T I C W R R T S
Y D O N U D N E W A B Y P
E P N N E A G H N F Y O H
K C I V R K A Y N U I E E
C C A G F L O S S N F G M
S R A E E Y D B T G F W Y
G V M S P T K Y L B C B D
```

36

Breaking Bad

- ◊ JONATHAN BANKS
- ◊ BETTER CALL SAUL
- ◊ BRYAN CRANSTON
- ◊ DRUG DEALERS
- ◊ GUSTAVO "GUS" FRING
- ◊ VINCE GILLIGAN
- ◊ ANNA GUNN
- ◊ KINGPIN
- ◊ LOS POLLOS HERMANOS

- ◊ METH CHEMIST
- ◊ MEXICAN CARTELS
- ◊ DEAN NORRIS
- ◊ BOB ODENKIRK
- ◊ AARON PAUL
- ◊ JESSE PINKMAN
- ◊ HANK SCHRADER
- ◊ SKYLER
- ◊ WALTER WHITE

```
R E T T E B C D N R H M S
U M A F R H P O M E L K R
E P U B E R T A R N F R E
T N V M F S P M U E E I D
F P I R N I A P M L T K A
Z S I A N N T C Y G T N R
T N R K O V N K N E M E H
G C M S L B S K G T N D C
C A M N A G I L L I G O S
N R M E R C Y V P U S V F
A K W B X G D G C K I I D
K Z H U C I N G N U R V R
T E I S O I C A U A R B U
W D T Z K P B A Z N O P G
F L E V B G Z I N R N U K
```

Celebrated Crimes,
Alexandre Dumas, 1910

From The Man in The Iron Mask: An Essay: "Under the late king there was a time when every class of society was asking who the famous personage really was who went by the name of the Iron Mask, but I noticed that this curiosity abated somewhat after his arrival at the Bastille with Saint-Mars, when it began to be reported that orders had been given to kill him should he let his name be known. Saint-Mars also let it be understood that whoever found out the secret would share the same fate. This threat to murder both the prisoner and those who showed too much curiosity about him made such an impression, that during the lifetime of the late king people only spoke of the mystery below their breath."

```
I Y T I S O I R U C K E W
R B A S T I L L E H S S Y
O A A O T H R E A T A U T
N L L N O T I C E D M O E
C F I N O I S S E R P M I
Y A F S E C R E T R U A C
L T E R L M B E E L H F O
L E T L E U Y N D T G W S
A U I E N P O S A R H N A
E K M D E S O E T O U A B
R A E O I G R R E E F M A
S R P R N B G V T K R E T
B L P I W H E N E E O Y E
E Y K A R R I V A L D P D
L H C U S R A M T N I A S
```

38   Crime Documentaries

- *EVIL GENIUS*
- *FREE MEEK*
- *GONE IN THE DARK*
- *LONG SHOT*
- *LOVE FRAUD*
- *MISSING MOM*
- *NIGHT STALKER*
- *REST IN POWER*
- *SEDUCED*

- *THE CENTRAL PARK FIVE*
- *THE INNOCENT MAN*
- *THE KEEPERS*
- *THE RIPPER*
- *THE THIN BLUE LINE*
- *TIGER KING*
- *TRIAL BY MEDIA*
- *TRUTH AND LIES*
- *WITNESS*

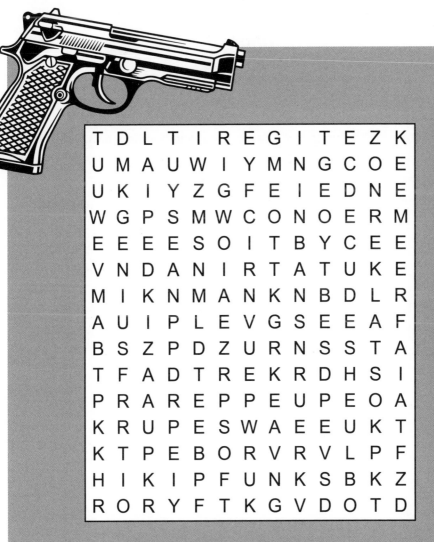

```
T D L T I R E G I T E Z K
U M A U W I Y M N G C O E
U K I Y Z G F E I E D N E
W G P S M W C O N O E R M
E E E E S O I T B Y C E E
V N D A N I R T A T U K E
M I K N M A N K N B D L R
A U I P L E V G S E E A F
B S Z P D Z U R N S S T A
T F A D T R E K R D H S I
P R A R E P P E U P E O A
K R U P E S W A E E U K T
K T P E B O R V R V L P F
H I K I P F U N K S B K Z
R O R Y F T K G V D O T D
```

81

Dope,
Sax Rohmer, 1919

"For some years before his father's death [Sir Lucien] seems to have lived a very shady life in many parts of the world. He was a confirmed gambler, and was also somewhat unduly fond of the ladies' society. In Buenos Ayres—the exact date does not matter—he made the acquaintance of a variety artiste known as La Belle Lola, good-looking and unscrupulous. I cannot say if Sir Lucien was aware from the outset of his affair with La Belle that she was a married woman. But it is certain that her husband, Sin Sin Wa, very early learned of the intrigue, and condoned it. How Sir Lucien came to get into the clutches of the pair I do not know. But that he did so we have ascertained beyond doubt. I think, personally, that his third vice—opium—was probably responsible.

```
T E S T U O E T S I T R A
F A T H E R S Y D A H S Y
E C N A T N I A U Q C A S
P I A W N I S N I S E U W
R N W O R L D Y G L O O S
O T D R I H T A B L M O A
B R T E G L M I U A C E Y
A I P R U B S P N I L L T
B G A C L N U E E L U H B
L U I E O R M T E D T U U
Y E R P C A Y B N Y C S O
N I S S O N E U B E H B D
S E N Y M U I P O A E A A
R U A F F A I R O R S N T
D E N I A T R E C S A D E
```

◊ ACADEMY <u>AWARD</u>

◊ <u>BLACK</u> COMEDY

◊ STEVE <u>BUSCEMI</u>

◊ <u>CANNES</u> FILM FESTIVAL

◊ <u>COEN</u> BROTHERS

◊ MARGE <u>GUNDERSON</u>

◊ WADE <u>GUSTAFSON</u>

◊ COLIN <u>HANKS</u>

◊ JERRY <u>LUNDEGAARD</u>

◊ WILLIAM H. <u>MACY</u>

◊ <u>MINNESOTA</u>

◊ <u>MOOSE</u> LAKE

◊ NORTH <u>DAKOTA</u>

◊ <u>PREGNANT</u>

◊ SHEP <u>PROUDFOOT</u>

◊ <u>RANSOM</u>

◊ PETER <u>STORMARE</u>

◊ <u>WOODCHIPPER</u>

```
O R B Y M N W D A K O T A
H A L T O O F D U O R P R
I A B W L S K Y M T D L E
T M N F G R L B M D R O S
M A E K A E L O A R A G O
I B R C S D S P E A W U O
N B A R S N I O C A A S M
N A M Z A U R U G G E T Y
E E R R O G B R P E I A S
S U O R Z E D E F D H F K
O S T C E M C A N N E S C
T V S G V R M S H U P O A
A P R E G N A N T L U N L
R E P P I H C D O O W S B
E G G V S R Y Z I A Y R U
```

41 Bladed Weapons

◊ ASSEGAI

◊ BATTLE-AXE

◊ BAYONET

◊ CUTLASS

◊ DAGGER

◊ HATCHET

◊ KHANDA

◊ KNIFE

◊ MACHETE

◊ RAPIER

◊ SABRE

◊ SCIMITAR

◊ SCYTHE

◊ SHANK

◊ SHIV

◊ SICKLE

◊ SPEAR

◊ STILETTO

K	H	F	E	Z	V	S	D	F	U	F	K	F
T	A	D	T	I	B	I	E	L	K	C	I	S
S	R	A	E	P	S	A	H	Y	O	B	W	O
I	I	C	H	W	D	C	Y	S	P	R	K	T
W	F	B	C	N	L	E	U	O	A	M	S	T
V	V	Z	A	C	H	D	C	T	N	E	W	E
A	L	H	M	T	Y	D	I	K	L	E	T	L
S	K	E	Y	Z	A	M	A	F	N	A	T	I
S	L	C	S	G	I	Z	R	E	B	I	S	T
E	S	O	G	C	P	E	M	I	U	V	F	S
G	K	E	S	S	I	A	B	A	T	O	Z	E
A	R	N	A	P	Z	H	A	T	C	H	E	T
I	C	B	A	T	T	L	E	A	X	E	G	N
Y	R	R	Y	H	A	B	T	D	S	E	G	K
E	P	S	Y	H	S	E	A	I	L	Y	A	I

87

42   Crime Movies

- *BLOW*
- *DONNIE BRASCO*
- *DRIVE*
- *EASY RIDER*
- *FARGO*
- *JACKIE BROWN*
- *LAYER CAKE*
- *LOCK, STOCK AND TWO SMOKING BARRELS*
- *OCEAN'S ELEVEN*

- *POINT BREAK*
- *RESERVOIR DOGS*
- *RONIN*
- *SNATCH*
- *TAXI DRIVER*
- *THE STING*
- *TRAFFIC*
- *TRUE ROMANCE*
- *THE USUAL SUSPECTS*

```
T I I P E O W Z T M U F N
N W S X W R E L U I G A I
I M T R A F F I C K B P U
O H F N I T A Y N H O S H
P B L D P E R R D N U S P
F I N A I M E F G A O W S
V C B K Y W S M L O S D B
P L C H E E E B I R T G A
O A S C C K R O O N S Z R
J N T T N O V C S N U I R
S K I A A U O E G Y Z F E
Y K N N M W I A Z N U V L
A S E S O B R N I L I R S
D M A L R R F S K R G T S
C A B E O R I H D B E S S
```

89

43 *London Labour and the London Poor, Vol. 3*, Henry Mayhew, 1865

The cause of the greater amount of vagrancy being found among individuals between the ages of fifteen and twenty-five, appears to be the irksomeness of any kind of sustained labour when first performed. Unfortunately, at this age the self-will of the individual begins also to be developed, and any compulsion or restraint becomes doubly irksome. Hence, without judicious treatment, the restraint may be entirely thrown off by the youth, and the labour be discarded by him, before any steadiness of application has been produced by constancy of practice. The cause of vagrancy then resolves itself, to a great extent… They have been treated with severity, and being generally remarkable for their self-will, have run away from their home or master to… low lodging-houses. Here they find companions of the same age and character as themselves, with whom they ultimately set out on a vagabond excursion through the country, begging or plundering on their way.

```
Y A M N O I S L U P M O C
U L T I M A T E L Y N E H
S N E E T F I F Y A W S F
E L B A K R A M E R O C G
P X S E V L O S E R R O N
E C T A P P E A R S H M I
R O E E G I N K S N T P G
F U R Y N E E U Y U R A G
O N O K E T S G T R E N E
R T F B U T U N I D A I B
M R E L A K A O R O T O E
E Y B I A L C M E U M N G
D D N O B A G A V B E S I
R E T S A M D B E L N F N
D E C U D O R P S Y T I S
```

44   Gunslingers and Outlaws

◊ BLACK <u>BART</u>

◊ DAN <u>BOGAN</u>

◊ CURLY BILL <u>BROCIUS</u>

◊ <u>BUCKSKIN</u> LESLIE

◊ <u>CALAMITY</u> JANE

◊ BUTCH <u>CASSIDY</u>

◊ <u>DALTON</u> GANG

◊ PEARL <u>HART</u>

◊ LEVI BOONE <u>HELM</u>

◊ JESSE <u>JAMES</u>

◊ ELZY <u>LAY</u>

◊ KITTY <u>LEROY</u>

◊ <u>PROCOPIO</u>

◊ <u>QUEHO</u>

◊ <u>RED BUCK</u>

◊ JONNY <u>RINGO</u>

◊ <u>RUGGLES</u> BROTHERS

◊ PANCHO <u>VILLA</u>

```
V H E V A T F Q U E R V K
I S T A R T Y H B I B H N
S B G A O D N D L I G I U
E R H Y I A B N I R K W M
M O C T P L G U A S U P R
A C Y I O T K V K G S A E
J I P M C O K C S Q O A P
P U I A O N U E U M L B C
R S L L R B L E S B L R K
I I V A P G H L A Y D E F
N L L C G O A A Y T V E H
G N Z U H S B Z B I R G R
O F R Z O R P W L V L A N
C O S Q U C P L M K N G B
K E O N U K A E L E R O Y
```

45

Crimes and Punishments, James Anson Farrer, 1880

Laws are the conditions under which men, leading independent and isolated lives, joined together in society, when tired of living in a perpetual state of war, and of enjoying a liberty which the uncertainty of its tenure rendered useless. Of this liberty they voluntarily sacrificed a part, in order to enjoy the remainder in security and quiet. The sum-total of all these portions of liberty, sacrificed for the good of each individually, constitutes the sovereignty of a nation, and the sovereign is the lawful trustee and administrator of these portions. But, besides forming this trust-fund, or deposit, it was necessary to protect it from the encroachments of individuals, whose aim it ever is not only to recover from the fund their own deposit, but to avail themselves of that contributed by others. 'Sensible motives,' were therefore wanted to divert the despotic will of the individual from re-plunging into their primitive chaos the laws of society.

T	H	L	R	N	Y	T	I	R	U	C	E	S
C	C	C	I	T	O	P	S	E	D	I	L	P
L	H	E	A	B	T	I	E	V	E	R	B	M
K	P	A	T	E	E	R	T	R	M	B	I	R
L	R	O	O	O	D	R	U	A	E	A	S	E
D	I	E	R	S	R	N	T	S	N	W	N	C
D	E	A	H	T	E	P	I	Y	T	J	E	O
S	E	P	V	T	I	D	T	G	O	E	S	V
O	O	T	O	A	E	O	S	Y	O	R	E	E
L	N	C	N	S	W	G	N	G	O	O	D	R
I	L	T	I	A	I	N	O	S	G	P	I	L
V	Y	C	R	E	W	T	C	T	A	F	V	I
I	S	O	L	A	T	E	D	R	U	O	E	V
N	T	E	I	U	Q	Y	T	N	W	E	R	E
G	S	N	O	I	T	I	D	N	O	C	T	S

46   Crime TV Shows – Part One

◊ *AMERICAN CRIME STORY*

◊ *BERLIN*

◊ *CSI*

◊ *GOOD GIRLS*

◊ *HAPPY VALLEY*

◊ *INSPECTOR MORSE*

◊ *MONK*

◊ *NARCOS*

◊ *PEAKY BLINDERS*

◊ *PRIME SUSPECT*

◊ *PRISON BREAK*

◊ *REACHER*

◊ *SHETLAND*

◊ *THE ROOKIE*

◊ *THE SOPRANOS*

◊ *TWIN PEAKS*

◊ *VIGIL*

◊ *WHITE COLLAR*

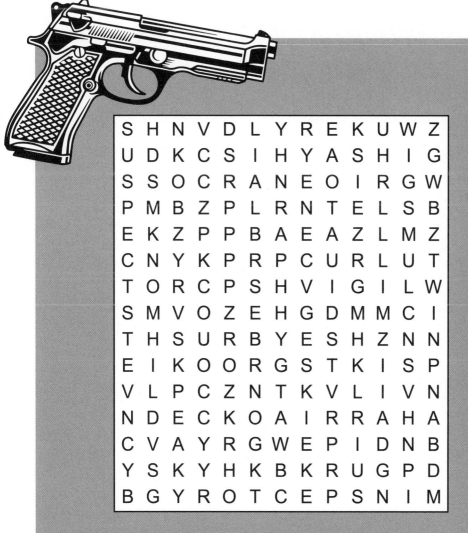

```
S H N V D L Y R E K U W Z
U D K C S I H Y A S H I G
S S O C R A N E O I R G W
P M B Z P L R N T E L S B
E K Z P P B A E A Z L M Z
C N Y K P R P C U R L U T
T O R C P S H V I G I L W
S M V O Z E H G D M M C I
T H S U R B Y E S H Z N N
E I K O O R G S T K I S P
V L P C Z N T K V L I V N
N D E C K O A I R R A H A
C V A Y R G W E P I D N B
Y S K Y H K B K R U G P D
B G Y R O T C E P S N I M
```

97

47 Pathology of Lying, Accusation, and Swindling, Mary Tenney Healy and William Healy, 1915

The exact number of pathological liars is not determinable in our series because of the shading of this lying into other types. It would be safe to say that 8 or 10 of the 1000 were genuine cases of pathological lying according to our definition, that 5 more engaged in pathological false accusations without a notorious career in other kinds of lying. Examples of borderline mental cases showing fantastic lying and accusations are given in our special chapter. Some of the cases of pathological lying given in this work do not belong to the series of 1000 cases analysed for statistical purposes. The extraordinary number of times several of these individuals appeared in court (resembling in this respect the European case histories) shows that the total amount of trouble caused by this class is not in the least represented by their numerical proportion among offenders.

```
A  B  D  N  O  I  T  I  N  I  F  E  D
S  M  S  W  O  H  S  C  A  R  E  E  R
C  O  O  F  F  E  N  D  E  R  S  A  E
A  E  M  U  V  E  L  U  K  P  C  P  H
S  G  S  E  N  A  N  T  M  C  S  P  T
E  E  R  L  I  T  R  G  U  B  U  E  O
S  A  S  C  A  O  M  S  A  I  E  A  R
L  E  E  O  U  F  A  E  Y  G  I  R  S
G  P  R  B  P  T  T  P  N  B  E  E  G
S  N  L  I  I  R  W  C  E  T  P  D  N
S  E  O  O  E  O  U  L  A  Y  A  Y  I
A  R  N  M  R  S  O  P  T  X  A  L  D
L  S  A  K  A  N  A  L  Y  S  E  D  A
C  V  Y  I  G  E  N  U  I  N  E  F  H
F  B  S  E  L  P  M  A  X  E  F  A  S
```

99

Famous Prisons

- ◇ <u>ALCATRAZ</u>
- ◇ BANG <u>KWANG</u>
- ◇ <u>BASTILLE</u>
- ◇ <u>CARANDIRU</u>
- ◇ CHATEAU <u>D'IF</u>
- ◇ <u>DARTMOOR</u>
- ◇ <u>DEVIL'S</u> ISLAND
- ◇ <u>ELMINA</u> CASTLE
- ◇ <u>HANOI</u> HILTON

- ◇ <u>MAZE</u>
- ◇ PORT <u>ARTHUR</u>
- ◇ READING <u>GAOL</u>
- ◇ <u>ROBBEN</u> ISLAND
- ◇ SAN <u>PEDRO</u>
- ◇ SAN <u>QUENTIN</u>
- ◇ <u>SING SING</u>
- ◇ THE <u>CLINK</u>
- ◇ <u>TOWER</u> OF LONDON

```
I O Y K W D R U H T R A N
C A R A N D I R U R U E O
F M S D H A N O I A B L D
L S T Z E G L Y M B L M V
O S S P Q P U V O C V I E
A K A I L U S R E L A N S
G M W D N L E L I L L A N
K Z I A I G L N C R P Y I
S F Y V N I S A T L H V T
O L E W T G T I A I I Z E
P D U S Y R E W N L N N G
M K A G A A V Z Y G N M K
N B Y Z D L F N H Y G A K
R O O M T R A D D H N Z B
Y I G S Y F R E W O T E U
```

101

49   TV Detectives

◊ INSPECTOR <u>ALLEYN</u>

◊ DCI TOM <u>BARNABY</u>

◊ RICHARD <u>CASTLE</u>

◊ <u>CROCKETT</u> AND TUBBS

◊ JESSICA <u>FLETCHER</u>

◊ DI JACK <u>FROST</u>

◊ GIL <u>GRISSOM</u>

◊ CAPTAIN RAYMOND <u>HOLT</u>

◊ DCI GENE <u>HUNT</u>

◊ <u>KOJAK</u>

◊ DI SARAH <u>LUND</u>

◊ DCI JOHN <u>LUTHER</u>

◊ VERONICA <u>MARS</u>

◊ INSPECTOR <u>MONTALBANO</u>

◊ ENDEAVOUR <u>MORSE</u>

◊ <u>MULDER</u> AND SCULLY

◊ DI JIMMY <u>PEREZ</u>

◊ SHAWN <u>SPENCER</u>

```
R B A S M O S S I R G M T
L M O N T A L B A N O W T
G P L H C S N U C C F G E
R E H C T E L F T Y K H K
P F H V S N G V B H M P C
E M O K L S S A A K E Y O
R A L C M O R S E U N R R
E R T L G N O U M W Y R C
Z S U Y A P K G F C E E S
C N F B W A T F I O L D R
D A Y Y J E V S Y I L L M
Y F S O U O H S O E A U D
N T K T M M G U P R P M O
N F D T L U W K N F F R T
S P E N C E R P L T C T W
```

The Leavenworth Case,
Anna Katharine Green, 1878

One afternoon, about three weeks since, I had occasion to go to the library at an unusual hour. Crossing over to the mantelpiece for the purpose of procuring a penknife, I heard a noise in the adjoining room. Knowing that Mr. Leavenworth was out, and supposing the ladies to be out also, I took the liberty of ascertaining who the intruder was; when what was my astonishment to come upon Miss Eleanore Leavenworth, standing at the side of her uncle's bed, with his pistol in her hand. Confused at my indiscretion, I attempted to escape without being observed; but in vain, for just as I was crossing the threshold, she turned and, calling me by name, requested me to explain the pistol to her. Gentlemen, in order to do so, I was obliged to take it in my hand; and that, sirs, is the only other occasion upon which I ever saw or handled the pistol of Mr. Leavenworth.

E	S	H	S	I	D	E	V	R	E	S	B	O
A	N	E	M	E	L	T	N	E	G	L	E	V
W	A	S	L	L	I	B	E	R	T	Y	L	E
C	L	M	I	C	A	L	L	I	N	G	E	X
R	L	A	N	R	N	D	L	O	N	Y	A	P
O	E	N	D	W	S	U	I	V	O	W	N	L
S	A	T	I	I	D	S	B	E	I	R	O	A
S	V	E	S	L	E	H	R	K	S	L	R	I
I	E	L	C	O	G	A	A	N	A	A	E	N
N	N	P	R	T	I	N	R	O	C	U	E	T
G	W	I	E	S	L	D	Y	W	C	S	S	R
N	O	E	T	I	B	L	E	I	O	U	C	U
I	R	C	I	P	O	E	P	N	P	N	A	D
A	T	E	O	K	K	D	I	G	O	U	P	E
V	H	Z	N	S	T	U	O	B	A	V	E	R

51 Crime Novels

- *BIG LITTLE LIES*
- *BLACK DAHLIA*
- *COVER HER FACE*
- *CROSS BONES*
- *HELTER SKELTER*
- *JUDAS HORSE*
- *KISS THE GIRLS*
- *LOOK AGAIN*
- *OUR HOUSE*
- *RAVEN BLACK*

- *SCARPETTA*
- *SECRET HISTORY*
- *SHARP OBJECTS*
- *STILL LIFE*
- *THE BIG SLEEP*
- *THE GIRL WITH THE DRAGON TATTOO*
- *THE THURSDAY MURDER CLUB*
- *TROUBLED BLOOD*

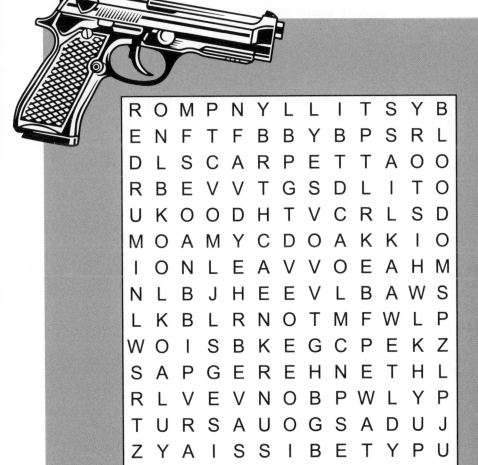

```
R O M P N Y L L I T S Y B
E N F T F B B Y B P S R L
D L S C A R P E T T A O O
R B E V V T G S D L I T O
U K O O D H T V C R L S D
M O A M Y C D O A K K I O
I O N L E A V V O E A H M
N L B J H E E V L B A W S
L K B L R N O T M F W L P
W O I S B K E G C P E K Z
S A P G E R E H N E T H L
R L V E V N O B P W L Y P
T U R S A U O G S A D U J
Z Y A I S S I B E T Y P U
W T F E G B D G V K W S E
```

52   Most Valuable Thefts

- ◊ <u>AMBER</u> ROOM
- ◊ BEARER <u>BONDS</u>
- ◊ <u>BRINK'S-MAT</u> GOLD
- ◊ <u>BULLION</u>
- ◊ <u>BURGUNDY</u> WINE
- ◊ CHARLES DARWIN'S <u>NOTEBOOKS</u>
- ◊ CROWN <u>JEWELS</u>
- ◊ <u>DIAMONDS</u>
- ◊ DINOSAUR <u>BONES</u>

- ◊ FABERGÉ <u>EGGS</u>
- ◊ *MONA LISA*
- ◊ <u>NFTS</u>
- ◊ <u>RUBY</u> SLIPPERS
- ◊ STRADIVARIUS <u>VIOLIN</u>
- ◊ *THE LAST <u>JUDGMENT</u>*
- ◊ *THE <u>SCREAM</u>*
- ◊ <u>TREASURY</u> BILLS
- ◊ VIETNAMESE <u>BELL</u>

```
T K M L T T W A V G C Z U
N M R E B M A K B N F T S
E T O G Y A S I L A N O M
M A N R B L P R K E G G S
G M O E U Y C K G C I M W
D S I K R H M T R M G C F
U K L I I M R U B O N E S
J N L O F E P H S T P Y K
V I U D A S C R E A M D O
O R B S U F B S Z H Z N O
E B U S H V D B E L L U B
Z R T L N N V A W K B G E
Y S D N O M A I D W B R T
N W P B N I L O I V H U O
M S L E W E J F K B Y B N
```

53 *The Mysteries of Modern London, George R. Sims, 1906*

The mystery of many a <u>jewel</u> robbery which startles the <u>public</u> and baffles the police would be <u>solved</u> if what has <u>long</u> been <u>suspected</u> could only be proved — namely, the existence in <u>London</u> of a system of <u>planting</u> confederates — <u>male</u> and female — in the <u>houses</u> of the wealthy as <u>domestic</u> servants. The servant so planted is <u>always</u> well-behaved, and <u>inspires</u> the greatest confidence. He or she <u>comes</u> with a <u>personal</u> character that is irreproachable. Let us take an <u>example</u> of the <u>methods</u> resorted to to "<u>place</u>" a confederate… The <u>footman</u>, who is in <u>league</u> with a band of expert jewel-thieves, is a trained servant. It is necessary that he should be so to <u>retain</u> the place long <u>enough</u> for the <u>plans</u> of the gang to be <u>matured</u>… The lady's maid is a <u>favourite</u> "plant" servant, and is sometimes more <u>useful</u> to the <u>gang</u>. The lady's maid has frequently <u>possession</u> of her mistress's <u>keys</u>, and she is able to take a "<u>squeeze</u>" of any key that may be required by the <u>burglars</u>, who want to go to work <u>noiselessly</u> and expeditiously.

```
S E M O C G N I T N A L P
A C S A L W A Y S N H U L
F I N L T D E V L O S E E
S L E N O U G H U I O T A R
R B U K S E R I P S N I G
A U F F D S Y E K S I R U
L P O B E E R U D E A U E
G D O M E S T I C S T O H
R E T S O T U C L S E V O
U C M N G N A G E O R A U
B A A A L E W E J P N F S
E L N L N O D N O L S G E
L P Z P E X A M P L E U S
A Y L S S E L E S I O N S
M E T H O D S Q U E E Z E
```

◊ SCOTT <u>BAIO</u>

◊ AMANDA <u>BENTLEY</u>

◊ <u>BBQ BOB'S</u>

◊ DEAD <u>LETTER</u>

◊ <u>DEATH</u> MERCHANT

◊ <u>DENVER</u>

◊ <u>DOUBLE</u> LIFE

◊ <u>MALIBU</u>

◊ JACK <u>PARKER</u>

◊ <u>SILENT</u> PARTNER

◊ <u>STEVE</u>

◊ <u>SYCAMORE</u> STREET

◊ THE SHOOTING <u>SCRIPT</u>

◊ DR MARK <u>SLOAN</u>

◊ TOWN WITHOUT <u>PITY</u>

◊ <u>TWIST</u> OF THE KNIFE

◊ DICK <u>VAN-DYKE</u>

◊ WITHOUT <u>WARNING</u>

```
A Y U Y L S E W Y D R T W
D T B B E B A V S O N N A
V I N T I B M N E T R E R
A P T G D L H B E T N L N
N D E A T H A F N H S I I
D M Y W E R O M A C Y S N
Y H I F W P A G T K M F G
K P I B K R T S M B A I O
E S P D E Y I O T B N B O
M H D K Y W I P S E Z W L
Y N R O T H I P E N V Z E
Z A P S U R D E N V E R T
P O U I C B B Q B O B S T
E L A S Y E L T N E B N E
L S M U Z Y I E B R C D R
```

55 The Tower of London: Famous Inmates

◊ ANNE BOLEYN

◊ FRANCIS BURDETT

◊ ROGER CASEMENT

◊ THOMAS CRANMER

◊ THOMAS CROMWELL

◊ EVERARD DIGBY

◊ GUY FAWKES

◊ LADY JANE GREY

◊ RUDOLF HESS

◊ JOSEF JAKOBS

◊ JUDGE JEFFRIES

◊ GEORGE KELLY

◊ KRAY TWINS

◊ MARGARET OF ANJOU

◊ WALTER RALEIGH

◊ WILLIAM WALLACE

◊ ROBERT WALPOLE

◊ PERKIN WARBECK

```
K  C  U  G  O  L  Y  W  P  I  E  B  S
C  P  A  H  J  B  O  O  F  L  R  B  H
E  R  N  S  G  E  G  C  O  M  O  E  T
B  P  U  I  E  E  F  P  E  K  S  I  E
R  D  D  B  H  M  L  F  A  S  F  M  R
A  K  D  V  O  A  E  J  R  A  B  N  A
W  T  D  Y  W  L  R  N  W  I  V  W  G
Y  E  R  G  K  A  E  K  T  O  E  W  R
C  D  V  E  L  W  E  Y  P  S  A  S  A
T  I  L  E  P  S  C  M  N  L  B  N  M
R  L  I  E  W  B  S  G  L  S  K  O  I
Y  G  Y  R  E  M  N  A  R  C  M  I  H
H  I  A  R  R  B  C  G  O  N  A  Z  N
R  Z  R  I  H  E  B  U  R  D  E  T  T
B  E  K  L  L  E  W  M  O  R  C  S  R
```

Capital Punishment

◊ BOILING

◊ BURYING ALIVE

◊ BURNING AT THE STAKE

◊ BREAKING WHEEL

◊ CRUCIFIXION

◊ DECAPITATION

◊ ELECTRIC CHAIR

◊ FIRING SQUAD

◊ GUILLOTINE

◊ HANGING

◊ HEAD ON A SPIKE

◊ HOT POKER

◊ IMPALEMENT

◊ INJECTION

◊ KEEL HAULING

◊ MAZZATELLO

◊ PRESSING

◊ STONING

```
T O L L E T A Z Z A M E S
T N E M E L A P M I R N T
G G W L V E S V S N D I O
P N Y P F S K L P O F T N
D I I P B U R Y I N G O I
C L R K V F G P K Z I L N
D I F O A Y T N E X C L G
N O I T C E J N I O N I G
R B K O Z L R F Z R A U N
T E I G R E I B L I I G I
L O K P R C B E E H F F N
H V L O U T I H O V O H R
W N L R P R E S S I N G U
D E C A P I T A T I O N B
F H A N D C H A N G I N G
```

57 Sherlock Holmes Villains

- ◊ IRENE <u>ADLER</u>
- ◊ RICHARD <u>BRUNTON</u>
- ◊ GEORGE <u>BURNWELL</u>
- ◊ JOHN <u>CLAY</u>
- ◊ JEFFERSON <u>HOPE</u>
- ◊ CHARLES AUGUSTUS <u>MILVERTON</u>
- ◊ COLONEL SEBASTIAN <u>MORAN</u>
- ◊ PROFESSOR <u>MORIARTY</u>
- ◊ FRANCIS <u>MOULTON</u>

- ◊ VIVIAN <u>NORBURY</u>
- ◊ HENRY <u>PETER</u>
- ◊ ARTHUR <u>PINNER</u>
- ◊ JEPHRO <u>RUCASTLE</u>
- ◊ JAMES <u>RYDER</u>
- ◊ CULVERTON <u>SMITH</u>
- ◊ LYSANDER <u>STARK</u>
- ◊ JOHN <u>WOODLEY</u>
- ◊ <u>WORTHINGDON</u> BANK GANG

```
W E B C N I W A T Y N G W
O H U A Y C B S D Y Z V O
L W R I A D R L M L W E R
S O N W L P U Y M I E V T
M C W Y C I N O W L T R H
S P E S L N T M Y V A H I
T E L M Z N O O S Z C Y N
Y T L F Z E N R W M B R G
W E P K D R O I V O P U D
B R W E L T S A C U R B O
Y E L D O O W R D L E R N
K R A T S H T T C T D O D
W H G C M E O Y L O Y N T
P H M L P I I P E N R C D
G G Y N M I L V E R T O N
```

A Reversible Santa Claus,
Meredith Nicholson, 1917

At forty-eight a <u>crook</u> — even so resourceful and <u>versatile</u> a member of the <u>fraternity</u> as The Hopper — begins to mistrust himself. For the <u>greater</u> part of his life, when not in <u>durance</u> vile, The Hopper had been in <u>hiding</u>, and the state or <u>condition</u> of being a <u>fugitive</u>, hunted by keen-eyed <u>agents</u> of justice, is not, from all accounts, an <u>enviable</u> one. His <u>latest</u> experience of involuntary servitude had been <u>under</u> the auspices of the State of <u>Oregon</u>, for a trifling indiscretion in the <u>way</u> of safe-blowing. Having <u>served</u> his sentence, he skillfully <u>effaced</u> himself by a year's <u>siesta</u> on a pineapple plantation in <u>Hawaii</u>. The <u>Hopper</u> needed <u>money</u>. He was not without a certain <u>crude</u> philosophy, and it had been his dream to <u>acquire</u> by some brilliant <u>coup</u> a sufficient <u>fortune</u> upon which to <u>retire</u> and live as a <u>decent</u>, law-abiding <u>citizen</u> for the <u>remainder</u> of his <u>days</u>.

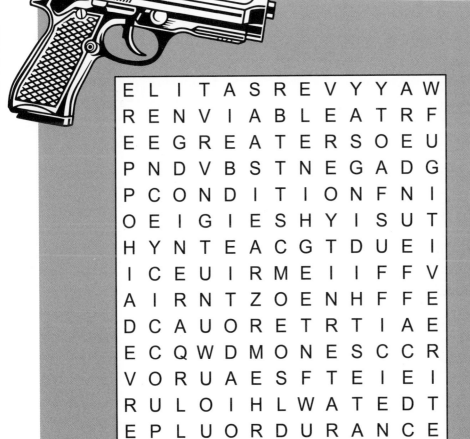

```
E L I T A S R E V Y Y A W
R E N V I A B L E A T R F
E E G R E A T E R S O E U
P N D V B S T N E G A D G
P C O N D I T I O N F N I
O E I G I E S H Y I S U T
H Y N T E A C G T D U E I
I C E U I R M E I I F F V
A I R N T Z O E N H F F E
D C A U O R E T R T I A E
E C Q W D M O N E S C C R
V O R U A E S F T E I E I
R U L O I H L W A T E D T
E P L U O R D U R A N C E
S Y A D Y K E R F L T M R
```

59

Petty Crime

◊ BAD PARKING

◊ COMMON ASSAULT

◊ DOG FOULING

◊ DRUG POSSESSION

◊ FAKE ID

◊ FIDDLING EXPENSES

◊ FORGERY

◊ LITTERING

◊ NO SEATBELT

◊ PAVEMENT CYCLING

◊ PUBLIC INTOXICATION

◊ RESISTING ARREST

◊ RUNNING RED LIGHTS

◊ SHOPLIFTING

◊ SIMPLE ASSAULT

◊ SPEEDING

◊ UNLAWFUL RESTRAINT

◊ VANDALISM

```
S T H G I L C F A K E I D
V P Y T G F M O O V S E S
R U G K O I I E M H K P F
E B N H D D B W O M E K O
S L I P U D K P F E O G R
I I R H M L L E D I K N G
S C E Z A I P I L M Y I E
T K T E F N N A S P L Z R
I C T T Y G G I R C M Z Y
N D I U D P L D Y K W I D
G N L F N A R C Z N I U S
G G U R D I L N S S T N L
C L P N Z I M F N R M N G
Z U A T N S E A T B E L T
A V P G T N I A R T S E R
```

123

60

Murder in the Gunroom,
H. Beam Piper, 1953

Carter Tipton had his law-office on the floor above the Tri-State Detective Agency. He handled all Rand's not infrequent legal involvements, and Rand did all his investigating and witness-chasing; annually, they compared books to see who owed whom how much. Tipton was about five years Rand's junior, and had been in the Navy during the war. He was frequently described as New Belfast's leading younger attorney and most eligible bachelor. His dark, conservatively cut clothes fitted him as though they had been sprayed on, he wore gold-rimmed glasses, and he was so freshly barbered, manicured, valeted and scrubbed as to give the impression that he had been born in cellophane and just unwrapped. He leaned back in his chair and waved his visitor to a seat.

E	N	A	H	P	O	L	L	E	C	A	D	R
N	I	B	E	L	F	A	S	T	S	R	E	I
R	N	S	E	H	T	O	L	C	O	P	V	M
O	V	J	S	V	A	L	E	T	E	D	A	P
B	E	U	P	O	P	V	I	R	A	N	W	R
D	S	N	R	R	I	S	O	P	N	E	R	E
E	T	I	A	F	I	O	T	U	T	I	B	S
R	I	O	Y	V	L	I	A	A	A	A	E	S
E	G	R	E	F	P	L	T	H	C	S	E	I
B	A	R	D	T	L	S	C	H	S	F	N	O
R	T	A	O	Y	I	L	E	A	N	E	D	N
A	I	N	E	R	E	L	L	L	E	G	A	L
B	N	D	T	R	O	G	H	Y	N	A	V	Y
E	G	S	O	R	A	T	T	O	R	N	E	Y
D	E	W	O	D	E	B	I	R	C	S	E	D

61

Supervillains

- ◊ BLOFELD
- ◊ BRAINIAC
- ◊ CATWOMAN
- ◊ DOCTOR DOOM
- ◊ DR EVIL
- ◊ FU MANCHU
- ◊ GREEN GOBLIN
- ◊ HELA
- ◊ JOKER

- ◊ LEX LUTHOR
- ◊ LOKI
- ◊ MAGNETO
- ◊ POISON IVY
- ◊ HARLEY QUINN
- ◊ SINESTRO
- ◊ THANOS
- ◊ VENOM
- ◊ VIPER

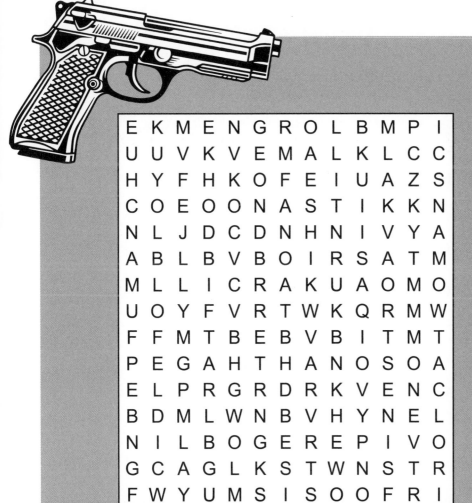

```
E K M E N G R O L B M P I
U U V K V E M A L K L C C
H Y F H K O F E I U A Z S
C O E O O N A S T I K K N
N L J D C D N H N I V Y A
A B L B V B O I R S A T M
M L L I C R A K U A O M O
U O Y F V R T W K Q R M W
F F M T B E B V B I T M T
P E G A H T H A N O S O A
E L P R G R D R K V E N C
B D M L W N B V H Y N E L
N I L B O G E R E P I V O
G C A G L K S T W N S T R
F W Y U M S I S O O F R I
```

Literary Detectives

◊ RODERICK <u>ALLEYN</u>

◊ LEW <u>ARCHER</u>

◊ MARTIN <u>BECK</u>

◊ BROTHER <u>CADFAEL</u>

◊ ADAM <u>DALGLIESH</u>

◊ NANCY <u>DREW</u>

◊ C. AUGUSTE <u>DUPIN</u>

◊ BERNIE <u>GUNTHER</u>

◊ MIKE <u>HAMMER</u>

◊ PHILIP <u>MARLOWE</u>

◊ MISS JANE <u>MARPLE</u>

◊ KINSEY <u>MILLHONE</u>

◊ INSPECTOR <u>MORSE</u>

◊ ELLERY <u>QUEEN</u>

◊ EASY <u>RAWLINS</u>

◊ SAM <u>SPADE</u>

◊ LORD PETER <u>WIMSEY</u>

◊ NERO <u>WOLFE</u>

```
R E H T N U G S H U A R M
T R V H A M M E R C D E D
N A G S T M I O E F S A N
A W U B E D L L W O L F E
L L K E A M D D L G A L D
L I T C Z B U D L H E R A
E N W K D P V I O A O C P
Y S U R I K E P F W E N S
N G E N D S Z D I T W R E
Z W O D H P A M Y U O F T
M T I C N C S I E N L H C
O O S G W E W E L P R A M
V G R F Y R E H C R A K S
U T U S V S R U M L M C G
L D N M E R S U Q N M V S
```

63   Sent to Australia

◊ BOTANY BAY

◊ CHAIN GANG

◊ COLONIES

◊ CONVICTS

◊ FIRST FLEET

◊ NED KELLY

◊ LUDDITES

◊ NEW SOUTH WALES

◊ NORFOLK ISLAND

◊ OUTLAWS

◊ PENAL SETTLEMENTS

◊ POLITICAL

◊ PORT JACKSON

◊ PRISON HULKS

◊ SHAME

◊ TASMANIA

◊ THE FATAL SHORE

◊ THIEVES

```
H O S Y E M T N T H C O Z
K M N W L L C L E U O D G
C R H P A L K Z E W L M Z
O K S T E L E N L O O Z B
N B A H L N T K F N N A B
V F N F A K A U O E I M O
I F O K F M L L O N E C T
C K S N Y K E O A G S Y A
T B E H I R O M F O C K N
S Y V L V A S P O R T N Y
T U E L R A H W R W O T E
I L I S T A E C U I M N G
A R H R F H R B D W S S O
S E T I D D U L O W R O Y
P O L I T I C A L E M U N
```

131

64 *The Murders in the Rue Morgue, Edgar Allan Poe, 1841*

The <u>mental</u> features discoursed of as the <u>analytical</u>, are, in themselves, but little susceptible of <u>analysis</u>. We appreciate them only in their <u>effects</u>. We know of them, among other <u>things</u>, <u>that</u> they are <u>always</u> to their <u>possessor</u>, when inordinately possessed, a <u>source</u> of the liveliest <u>enjoyment</u>. As the <u>strong</u> man exults in his physical <u>ability</u>, delighting in such <u>exercises</u> as <u>call</u> his muscles <u>into</u> action, so <u>glories</u> the analyst in that <u>moral</u> activity which disentangles. He <u>derives</u> pleasure from even the most <u>trivial</u> occupations bringing his <u>talent</u> into <u>play</u>. He is fond of <u>enigmas</u>, of conundrums, of hieroglyphics; exhibiting in his solutions of each a <u>degree</u> of <u>acumen</u> which appears to the <u>ordinary</u> apprehension præternatural. His <u>results</u>, brought about by the very <u>soul</u> and <u>essence</u> of <u>method</u>, have, in <u>truth</u>, the <u>whole</u> air of <u>intuition</u>.

```
A H U D L A I V I R T T S
W N T S E S I C R E X E G
H B A U R G L U O S Y N N
O D D L R B R N S U T J I
L S E O Y T T E K L I O H
E I N R N T S N E T L Y T
C S I D I O I T E S I M G
N Y G I I V I C C L B E L
E L M N N S E T A E A N O
S A A A T D A S I L F T R
S N S R O R O L O U A F I
E A O Y O G E H W L T B E
K N A C U M E N T A L N S
G L O S O U R C E E Y A I
P R O S S E S S O P M S C
```

The Wire

- ◊ <u>BALTIMORE</u>
- ◊ <u>BARKSDALE</u>
- ◊ STRINGER <u>BELL</u>
- ◊ JOHN <u>DOMAN</u>
- ◊ <u>DRUG</u> GANGS
- ◊ IDRIS <u>ELBA</u>
- ◊ <u>HOMICIDE</u>
- ◊ <u>KIMA</u>
- ◊ OMAR <u>LITTLE</u>

- ◊ JIMMY <u>MCNULTY</u>
- ◊ <u>MARYLAND</u>
- ◊ <u>NEWSPAPER</u>
- ◊ WENDELL <u>PIERCE</u>
- ◊ <u>POLICE</u> REPORTER
- ◊ <u>REALISM</u>
- ◊ DAVID <u>SIMON</u>
- ◊ <u>VICE</u>
- ◊ DOMINIC <u>WEST</u>

```
Y D N E R O M I T L A B L
R T N A A B L E C R E I P
E F L A M K S V Y U S I H
P D W U L O L T P D W O H
A E I B N Y D E P E M A L
P W N E M C R K L I F N H
S G F O M I M A C T Z N F
W P E M G F D I M H T V T
E V O U G S D S K W U I B
N I R L K E P I I M E R L
Y D V R I Y A M M B D S H
C R A I H C U O A M E O T
U B R A C D E N W I B L L
K A A T R E T E R S M K L
W B M S I L A E R F U L B
```

Legal Phrases – Part Three

◊ AB INITIO

◊ ABSCOND

◊ AD IDEM

◊ AFFRAY

◊ ARBITRATION

◊ BONA FIDE

◊ CLAIMANT

◊ CODICIL

◊ DEBENTURE

◊ DURESS

◊ ESTOPPEL

◊ FELONY

◊ FRAUD

◊ HABEAS CORPUS

◊ HEARSAY

◊ MALFEASANCE

◊ MALICE

◊ SHERIFF

```
Z Y L R D C F M S C R E S
Z E C G M U O F F H R L U
Y S K L O A A D I F O L P
A T E I A I L R I R S D R
R O C C U I Y I F C E H O
F P N V W A M P C B I H C
F P A S S U C A E E O L S
A E S R S S T N N I A E A
N L A V E E T F T T B D E
D E E O C U R I E M S I B
H A F K R K N U E L C F A
C W L E Y I V D D C O A H
P M A E B L I E Y G N N S
D K M A I D W O N T D O Y
N O I T A R T I B R A B R
```

137

67 *Criminality and Economic Conditions, Willem Adriaan Bonger (Translator: Henry P. Horton), 1916*

Wealth, (as determined by the amount of taxes on personal and real property) more often than density of population, coincides with crimes against property, of which it thus appears to be an indirect cause. We shall observe, however, that while the maximum of wealth falls in the departments of the North, where the greatest number of crimes against property are found; and the minimum in the centre where these crimes are most rare; yet in the South the average is almost as high as in the North. Now if in the North is wealth which indirectly produces the crimes against property, why is it that the same is not true of the South? It would be unsafe to conclude from the fact that the poorest departments are those where the fewest crimes against property are committed, that poverty is not the principal cause of these crimes. In order to justify this conclusion, which in other regards we are far from rejecting, more direct proofs would be necessary. As a matter of fact, it is possible that the departments where there is the least wealth are not those where there are the greatest number of the very poor; and that the departments where the largest fortunes are to be found are just those where the poverty of a part of the population is greatest.

```
F P R E T C E R I D N I D
P O P U L A T I O N S H T
F V U H C R I M E S Y A W
E E N N T H O L S T X E C
W R S P D U B N R E A N C
E T A R R I O E S L R O O
S Y F L S R P S T S E I M
T K E S T O A H H D B S M
M S O H R S A M E R M U I
A P E P E S U A C A U L T
T A A G T S A E L G N C T
T L U P R O D U C E S N E
E T S E T A E R G R W O D
R O O P F A L L S W P C I
Y T I S N E D A L M O S T
```

Goodfellas

- ◊ LORRAINE <u>BRACCO</u>
- ◊ <u>BROOKLYN</u>
- ◊ PAUL <u>CICERO</u>
- ◊ JIMMY <u>CONWAY</u>
- ◊ ROBERT <u>DE NIRO</u>
- ◊ TOMMY <u>DEVITO</u>
- ◊ DRUG <u>RUNNING</u>
- ◊ <u>FUNNY</u> LIKE A CLOWN
- ◊ HENRY <u>HILL</u>

- ◊ <u>KAREN</u>
- ◊ RAY <u>LIOTTA</u>
- ◊ <u>MOBSTERS</u>
- ◊ <u>MURDER</u>
- ◊ JOE <u>PESCI</u>
- ◊ <u>PILEGGI</u>
- ◊ <u>THE FEDS</u>
- ◊ <u>THEFT</u>
- ◊ <u>WISEGUYS</u>

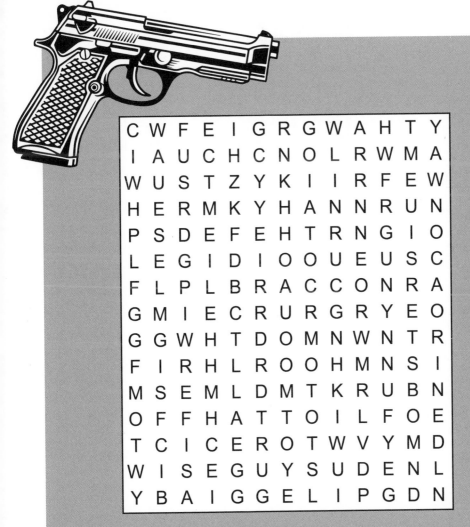

```
C W F E I G R G W A H T Y
I A U C H C N O L R W M A
W U S T Z Y K I I R F E W
H E R M K Y H A N N R U N
P S D E F E H T R N G I O
L E G I D I O O U E U S C
F L P L B R A C C O N R A
G M I E C R U R G R Y E O
G G W H T D O M N W N T R
F I R H L R O O H M N S I
M S E M L D M T K R U B N
O F F H A T T O I L F O E
T C I C E R O T W V Y M D
W I S E G U Y S U D E N L
Y B A I G G E L I P G D N
```

141

69 Criminal Clans

- ◊ BLACK TUNA
- ◊ CAMORRA
- ◊ CARLTON CREW
- ◊ DEAD RABBITS
- ◊ HARLEM CRIPS
- ◊ MAFIA
- ◊ 'NDRANGHETA
- ◊ NORTH SIDE GANG
- ◊ PEAKY BLINDERS

- ◊ PIRATES
- ◊ PIZZA CONNECTION
- ◊ RED WA
- ◊ SABINI GANG
- ◊ SILK ROAD
- ◊ THE SYNDICATE
- ◊ TRIADS
- ◊ YAKUZA
- ◊ YARDIES

```
I A H N D Y F P E L R S S
P E A T E H G N A R D N U
U M M A F I A N P A Y P A
A L E M H N S P I R C E W
S Z S D S O S R K B O A R
Y N U A I T T E M C Y K S
N O Y K B S I M I W A Y U
D T H Y A I H B S D P L D
I L E Z I Y N T B I R F B
C R L U F G V I R A O A G
A A F P I Z Z A R O R T Y
T C G G B D T I K E N N M
E V K S C E U M L U D F C
T C L V S G O U I I G W P
A R R O M A C U S M H F A
```

143

On Screen Killers

◊ PATRICK <u>BATEMAN</u>

◊ NORMAN <u>BATES</u>

◊ <u>BUFFALO</u> BILL

◊ JOE <u>CARROLL</u>

◊ JOHN <u>DOE</u>

◊ HANS <u>GRUBER</u>

◊ COLONEL <u>KURTZ</u>

◊ <u>MICKEY</u> AND MALLORY

◊ SERIAL <u>MOM</u>

◊ DEXTER <u>MORGAN</u>

◊ MRS <u>X</u>

◊ CHARLIE <u>OAKLEY</u>

◊ PAUL <u>SPECTOR</u>

◊ <u>THE BRIDE</u>

◊ SWEENEY <u>TODD</u>

◊ LELAND <u>VANHORN</u>

◊ <u>VILLANELLE</u>

◊ WALTER <u>WHITE</u>

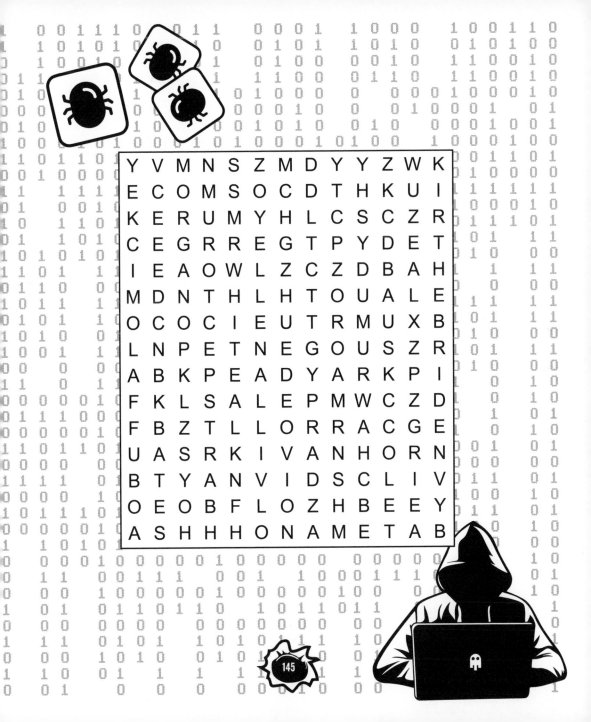

```
Y V M N S Z M D Y Y Z W K
E C O M S O C D T H K U I
K E R U M Y H L C S C Z R
C E G R R E G T P Y D E T
I E A O W L Z C Z D B A H
M D N T H L H T O U A L E
O C O C I E U T R M U X B
L N P E T N E G O U S Z R
A B K P E A D Y A R K P I
F K L S A L E P M W C Z D
F B Z T L L O R R A C G E
U A S R K I V A N H O R N
B T Y A N V I D S C L I V
O E O B F L O Z H B E E Y
A S H H H O N A M E T A B
```

145

71   Cyber Crime

◊ AD-FRAUD

◊ CROSS-BORDER

◊ CRYPTO THEFT

◊ DATA BREACH

◊ DDOS ATTACKS

◊ DOXING

◊ FINANCIAL

◊ HACKING

◊ IDENTITY THEFT

◊ INFORMATION WARFARE

◊ LEGISLATION

◊ MALICIOUS SOFTWARE

◊ ONLINE BULLYING

◊ PHISHING

◊ RANSOMWARE

◊ SCAMS

◊ VIRUSES

◊ WORMS

```
A N O I T A L S I G E L K
P D B V S S M Y G K A P L
Y A U K O A M N N S T Y A
M D V A C U I L O Z A G I
M S G S R K F F K V D C C
G M H N C F T C G O E R N
N R C A I W D F I G R O A
I O H R A H D A N R A S N
Y W F R Y D S I O S W S I
L A E V O P X I K E M B F
L R E S L O T Z H T O O I
U F I T D L M O H P S R A
B A V I R U S E S G N D L
W R E A T D F U D H A E T
A E F G D T C M C D R R H
```

147

Hercule Poirot Stories

◊ APPOINTMENT WITH DEATH

◊ CARDS ON THE TABLE

◊ CAT AMONG THE PIGEONS

◊ CURTAIN

◊ DEATH IN THE CLOUDS

◊ DUMB WITNESS

◊ EVIL UNDER THE SUN

◊ FIVE LITTLE PIGS

◊ HICKORY DICKORY DOCK

◊ MURDER IN MESOPOTAMIA

◊ MURDER ON THE ORIENT EXPRESS

◊ PERIL AT END HOUSE

◊ SAD CYPRESS

◊ THE ABC MURDERS

◊ THE MYSTERIOUS AFFAIR AT STYLES

◊ THE MYSTERY OF THE BLUE TRAIN

◊ THREE BLIND MICE

◊ WITNESS FOR THE PROSECUTION

```
N S L P U Z Y T S L R H S
O N Y N C M U R F E T N L
I H S P T A I F D A E H B
T V N S I V L R E M X U C
U K O S O G U D V G P U H
C I E E U M S P M Z R V W
E Z G R N P V E G T E M N
S U I P Y D E C A L S A E
O D P Y I H H I H I S B S
R T B C M T N O G V H C E
P R W L F D B K U E K B L
T A B L E R U T K S E M Y
T I U G N L D R Y U E U T
M N E E R H T C L O U D S
Z R S A C Y R O K C I H H
```

73   In the Courtroom

◊ APPEAL

◊ ATTORNEY

◊ BAILIFF

◊ BENCH

◊ CLERK

◊ DEFENDANT

◊ DOCKET

◊ EVIDENCE

◊ EXHIBIT

◊ GAVEL

◊ INDICTMENT

◊ JUDGE

◊ JURY

◊ SENTENCE

◊ SUBPOENA

◊ TESTIMONY

◊ TRIAL

◊ VERDICT

```
Y T D E F E N D A N T R U
V D N A R D Y N C E V L R
B L E V A G E R S L S A Y
E Y E N R O T T A E E I V
N O N J P O I U C Z T R K
C Z U B F M S N E U N T K
H R U W O R E M X V E L T
Y S L N G T F V H V M A E
F E Y T N P V C I A T E K
F I G E C R G D B N C P C
I K S D R I E F I Y I P O
L B Z N U N D S T W D A D
I K Z K C J O R K Y N A S
A Y D E G F U R E T I V H
B L S A Z D E R A V M A E
```

151

Father Brown

◊ THE ACTOR AND THE <u>ALIBI</u>

◊ THE <u>ARROW</u> OF HEAVEN

◊ THE BLUE <u>CROSS</u>

◊ THE DAGGER WITH <u>WINGS</u>

◊ THE <u>FLYING</u> STARS

◊ THE <u>GREEN</u> MAN

◊ THE HEAD OF <u>CAESAR</u>

◊ THE <u>INVISIBLE</u> MAN

◊ THE MASK OF <u>MIDAS</u>

◊ THE <u>ORACLE</u> OF THE DOG

◊ THE <u>POINT</u> OF A PIN

◊ THE PURPLE <u>WIG</u>

◊ THE <u>QUICK</u> ONE

◊ THE RED MOON OF <u>MERU</u>

◊ THE SECRET <u>GARDEN</u>

◊ THE SECRET OF <u>FLAMBEAU</u>

◊ THE VANISHING OF <u>VAUDREY</u>

◊ THE WRONG <u>SHAPE</u>

S	F	I	Y	I	T	O	S	E	I	V	U	S
O	F	T	M	H	F	M	G	V	G	R	R	C
R	R	L	Z	K	A	R	S	U	B	G	E	A
F	D	A	Y	R	B	G	R	E	E	N	M	E
A	I	A	C	I	V	C	Z	N	T	Y	G	S
E	D	N	S	L	N	A	D	H	W	I	Y	A
Y	I	F	V	C	E	G	E	I	W	L	E	R
Y	O	P	U	I	A	Y	N	G	V	E	R	E
M	V	C	I	R	S	G	C	T	V	K	D	P
U	P	F	D	B	S	I	N	R	C	G	U	A
T	G	E	M	D	I	I	B	I	O	L	A	H
E	N	L	O	I	O	L	U	L	M	S	V	S
P	W	W	S	P	D	Q	A	A	E	U	S	Y
Y	U	A	E	B	M	A	L	F	A	O	E	E
W	O	R	R	A	G	S	S	M	A	R	E	K

153

75

Oliver Twist,
Charles Dickens, 1838

Sikes… plied the crowbar vigorously, but with little noise. After some delay, and some assistance from Toby, the shutter to which he had referred, swung open on its hinges. It was a little lattice window, about five feet and a half above the ground, at the back of the house: which belonged to a scullery, or small brewing-place, at the end of the passage. The aperture was so small, that the inmates had probably not thought it worthwhile to defend it more securely; but it was large enough to admit a boy of Oliver's size, nevertheless.

"Now listen, you young limb," whispered Sikes, drawing a dark lantern from his pocket, and throwing the glare full on Oliver's face; "I'm a going to put you through there. Take this light; go softly up the steps straight afore you, and along the little hall, to the street door; unfasten it, and let us in."

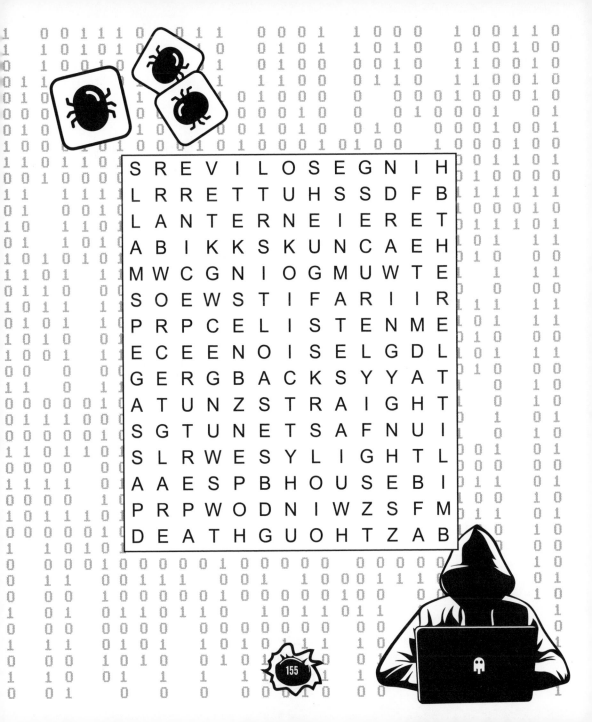

```
S R E V I L O S E G N I H
L R R E T T U H S S D F B
L A N T E R N E I E R E T
A B I K K S K U N C A E H
M W C G N I O G M U W T E
S O E W S T I F A R I I R
P R P C E L I S T E N M E
E C E E N O I S E L G D L
G E R G B A C K S Y Y A T
A T U N Z S T R A I G H T
S G T U N E T S A F N U I
S L R W E S Y L I G H T L
A A E S P B H O U S E B I
P R P W O D N I W Z S F M
D E A T H G U O H T Z A B
```

Gangster Films

- ◊ <u>AMORES</u> PERROS
- ◊ BONNIE AND <u>CLYDE</u>
- ◊ <u>CASINO</u>
- ◊ <u>CITY</u> OF GOD
- ◊ <u>EASTERN</u> PROMISES
- ◊ ELITE <u>SQUAD</u>
- ◊ <u>GOODFELLAS</u>
- ◊ <u>HEAT</u>
- ◊ <u>KILL</u> BILL

- ◊ <u>LITTLE</u> CAESAR
- ◊ <u>MILLER'S</u> CROSSING
- ◊ <u>MYSTIC</u> RIVER
- ◊ PUBLIC <u>ENEMY</u>
- ◊ PULP <u>FICTION</u>
- ◊ <u>SCARFACE</u>
- ◊ THE <u>GODFATHER</u>
- ◊ THE <u>UNTOUCHABLES</u>
- ◊ TRUE <u>ROMANCE</u>

```
A Z N U D Y M D N W P N R
S M V N W I T R S S O N E
U A E K L G E I C U P Y H
E N L L E T R A C D M Z T
K C E L S S R H T E V F A
M R N A E F G H N L E M F
S C E A A F S E E H E A D
Y C A C M F D P B A O O O
D I E S R O E O W S T B G
A T Y E I S R L O A W Z E
U S O R E N K N T G M D L
Q Y L O H A O E D T Y T L
S M Z M I I I G R L I M I
Z T H A N O I T C I F L K
U N T O U C H A B L E S H
```

157

Ned Kelly

◊ BOXING

◊ BULLOCK CREEK

◊ BUSH LARRIKINS

◊ CULTURAL ICON

◊ DRUNK

◊ GANG LEADER

◊ GRETA MOB

◊ HANGED

◊ HORSE RUSTLING

◊ HOSTAGES

◊ KELLY GANG

◊ LARCENY

◊ MURDER

◊ OUTLAW

◊ RAIDS

◊ SHOOT-OUT

◊ AARON SHERRITT

◊ STOCK THEFT

S	D	D	B	S	N	I	K	I	R	R	A	L
W	V	O	W	G	D	D	R	F	H	W	F	P
Z	A	G	A	Y	N	I	U	E	P	T	S	W
M	V	N	L	L	W	I	A	L	D	H	K	B
Z	O	I	T	L	M	U	X	R	O	A	T	U
Z	B	L	U	E	S	G	S	O	H	H	E	L
B	K	T	O	K	O	A	T	O	B	T	D	L
L	G	S	I	I	Z	O	S	E	T	T	E	O
F	A	U	Z	L	U	T	M	I	C	L	G	C
K	G	R	E	T	A	P	R	U	K	F	N	K
H	C	A	U	G	I	R	Y	D	R	A	A	P
F	U	O	E	T	E	V	C	T	R	D	H	M
M	V	S	T	H	L	W	Y	E	I	U	E	U
D	R	Y	S	S	F	U	R	O	N	O	N	R
V	M	E	K	P	A	K	C	O	A	Y	M	K

159

78 Bidwell's Travels, from Wall Street to London Prison: Fifteen Years in Solitude, Austin Bidwell, 1897

Not long after my arrival a prisoner gave me a young rat which became the solace of an otherwise miserable existence. Nothing could be cleaner in its habits or more affectionate in disposition than this pet member of a despised race of rodents. It passed all its leisure time in preening its fur, and after eating always most scrupulously cleaned its hands and face. It was easily taught, and in course of time it could perform many surprising feats. I made a small trapeze, the bar being a slate pencil about four inches long, which was wound with yarn and hung from strings of the same; and on this the rat would perform like an acrobat, appearing to enjoy the exercise as much as the performance always delighted me. I made a long cord out of yarn, on which it would climb exactly in the manner in which a sailor shins up a rope; and when the cord was stretched horizontally it would let its body sway under and travel along the cord, clinging by its hands and feet like a human performer.

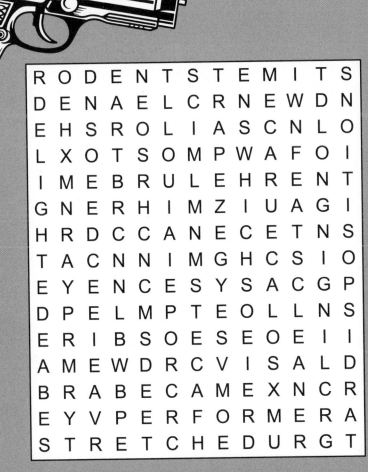

```
R O D E N T S T E M I T S
D E N A E L C R N E W D N
E H S R O L I A S C N L O
L X O T S O M P W A F O I
I M E B R U L E H R E N T
G N E R H I M Z I U A G I
H R D C C A N E C E T N S
T A C N N I M G H C S I O
E Y E N C E S Y S A C G P
D P E L M P T E O L L N S
E R I B S O E S E O E I I
A M E W D R C V I S A L D
B R A B E C A M E X N C R
E Y V P E R F O R M E R A
S T R E T C H E D U R G T
```

Law & Order: Notable Guest Stars

◊ BRADLEY COOPER

◊ LAVERNE COX

◊ CLAIRE DANES

◊ VIOLA DAVIS

◊ JENNIFER GARNER

◊ MARCIA GAY HARDEN

◊ MELISSA JOAN HART

◊ SARAH HYLAND

◊ JEREMY IRONS

◊ ALLISON JANNEY

◊ LEIGHTON MEESTER

◊ SARAH PAULSON

◊ JOSH RADNOR

◊ JENNY SLATE

◊ JOHN STAMOS

◊ SHARON STONE

◊ KATE WALSH

◊ ROBIN WILLIAMS

```
E A Y I R E N R A G H L S
I T S T A N E F P N D I A
R Z A C O O P E R N V V I
O F B L K K D F A A U R R
N D W P S C M L D A O S R
D A Z A O Z Y V B N V Z E
A N Y X L H N V S Y Y S T
R E W A C S A O Z S B W S
T S I T R A H R S D G A E
R K L I V H A S D L M F E
A P L W E S O N Y E U Z M
Y L I T G M T Y E N N A J
H K A A A G L O M G V P P
M H M T N W Z B N O H L Y
T Z S C T S C C M E I O M
```

80

On the Run

- ◊ AT LARGE
- ◊ AVOID
- ◊ BOLT
- ◊ BREAK OUT
- ◊ DISAPPEAR
- ◊ DO A FLIT
- ◊ DODGE
- ◊ ELUDE
- ◊ ESCAPE

- ◊ EXTRICATE
- ◊ FLEEING
- ◊ FUGITIVE
- ◊ GET AWAY
- ◊ LIBERATE
- ◊ ON THE LAM
- ◊ ON THE LOOSE
- ◊ SLIP AWAY
- ◊ VANISH

E	D	Z	U	R	M	N	G	I	L	F	D	R
Z	V	L	O	A	F	B	E	C	V	E	U	H
E	Z	I	N	D	G	N	K	L	G	A	S	B
X	M	P	T	S	I	S	S	D	U	I	B	R
T	A	G	H	I	L	S	O	S	N	D	F	E
R	L	T	E	M	G	D	A	A	F	G	E	A
I	E	D	L	T	F	U	V	P	W	I	V	K
C	H	P	O	A	A	G	F	T	P	Y	E	O
A	T	V	O	A	R	W	W	V	K	E	P	U
T	N	U	S	K	F	G	A	S	N	W	A	T
E	O	S	E	E	A	L	E	Y	W	R	C	R
M	D	I	O	V	A	F	I	F	G	T	S	A
G	N	I	E	E	L	F	L	T	L	T	E	O
Y	A	W	A	P	I	L	S	O	A	T	U	C
U	D	O	R	N	L	I	B	E	R	A	T	E

Treason

- ANNE BOLEYN
- ROBERT CATESBY
- CHARLES I
- THOMAS DORR
- GUY FAWKES
- FRENCH REVOLUTION
- LADY JANE GREY
- DAFYDD AP GRUFFYDD
- GUNPOWDER PLOT

- CATHERINE HOWARD
- WILLIAM JOYCE
- LOUIS XVI
- MARIE ANTOINETTE
- MICHEL NEY
- THOMAS PAINE
- SPY
- TRAITOR
- WILLIAM WALLACE

```
T K G N S E K W A F P W A
G G E U A E C Y O J W V U
S Y S A N A F T W A D M U
P A I N E P S R L B D A C
H N I F G L O L M Y Y G I
E L R T N M A W S A F R H
I L I E R C W G D D F E D
R K H V E A S M R E U Y Y
A V C Y X S I A E P R W B
M U N I O S W T B G G M S
V A E U B O I O O E F M E
O M R F H N L U D R B V T
W K F Y Y E E A O Y P S A
V G T T Y E V I R L I F C
I A W N I S E L R A H C L
```

167

◊ BASSET HOUND

◊ BLUE-COLLAR

◊ CIGARS

◊ EMMY WINNER

◊ ENOUGH ROPE

◊ PETER FALK

◊ GUILT

◊ HOMICIDE DETECTIVE

◊ MIKE LALLY

◊ LAPD

◊ WILLIAM LINK

◊ ONE MORE THING

◊ PEUGEOT

◊ RELENTLESS

◊ RUMPLED RAINCOAT

◊ THE COLUMBO CLOSE

◊ UNSEEN WIFE

◊ WHISTLE

```
R E T O U W S C E N A O T
L C D A D T I O B B H U E
B L E I O G F F U N B P E
L S T S C C W A E K O A L
U O O K S I N H N R C O T
E K E N C E M I O W I B S
C U G C A A L O A D G M I
O T U G C P G T H R A U H
L G E C U N P Y N T R L W
L R P U I E Z H B E S O E
A R H H R U P K R S L C O
R E T P E N T L V S I E A
Y M M E I S A A L A P D R
T L I U G G B F O B P W U
E S H D M P T I L A L L Y
```

83 Police Through History

- ◊ FAY ALLEN
- ◊ BADGE
- ◊ BICYCLES
- ◊ BLUE TAILCOATS
- ◊ HARRY DALEY
- ◊ MOHAMMED DAAR
- ◊ PATROL
- ◊ PEACE PRESERVATION
- ◊ POSSE COMITATUS
- ◊ REACTIVE RESPONSE
- ◊ ROBERT PEEL
- ◊ CAPTAIN PORTEOUS
- ◊ EDITH SMITH
- ◊ TOP HATS
- ◊ TOWN GUARD
- ◊ TRUNCHEON
- ◊ TWO-WAY RADIO
- ◊ WATCH COMMITTEE

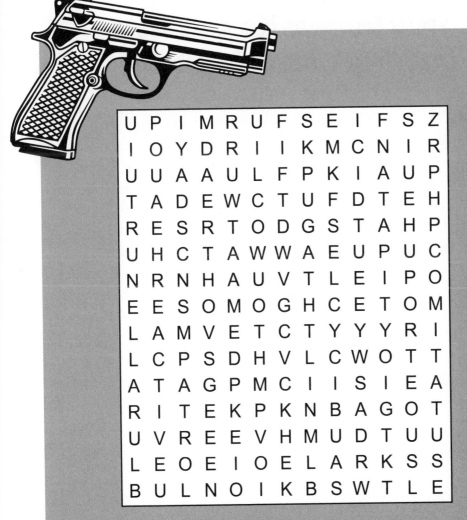

```
U P I M R U F S E I F S Z
I O Y D R I I K M C N I R
U U A A U L F P K I A U P
T A D E W C T U F D T E H
R E S R T O D G S T A H P
U H C T A W W A E U P U C
N R N H A U V T L E I P O
E E S O M O G H C E T O M
L A M V E T C T Y Y Y R I
L C P S D H V L C W O T T
A T A G P M C I I S I E A
R I T E K P K N B A G O T
U V R E E V H M U D T U U
L E O E I O E L A R K S S
B U L N O I K B S W T L E
```

84 Secret Service; or, Recollections of a City Detective, Andrew Forrester, 1864

The lawyer's only son, who had been a riotous youth, and a sore trouble to his father, was the suspected criminal. It was notorious that this young man had drawn heavily upon his parent from time to time. He did not like the honourable profession of the law, and, in order to accommodate his taste, Mr. Franklin had paid considerable premiums to men of repute in other professions; but the student, or apprentice, forfeited the money thus paid at different times for his benefit. He had twice robbed his father of large amounts. The lawyer's patience and affection had apparently been exhausted some time before his death. Uncharitable rumour, therefore, set down as fact that this young man, had ascertained that an indignant parent had cut him off with or without the proverbial shilling… and that, in order to get the benefit of the statutable distribution of the estate, he had destroyed both the document and the draft thereof.

```
P E F O E R E H T O E Z E
H A T I F E N E B C V T F
S E R A G E Y R N N U R R
O S A E T E M E D P T I A
N A C V N S I I E H T O N
L S V O I T E R T T N T K
A T M D A L M Z S A A O L
N U F P O M Y R U E N U I
I D L A T C R U A D G S N
M E A I R M U O H R I R G
I N Y D O D N M X A D E L
R T G N U O Y U E W N Y A
C R O B B E D R U N I W R
G N I L L I H S T K T A G
T T P R E M I U M S T L E
```

85   Crime TV Shows – Part Two

◊ <u>BOSTON</u> LEGAL

◊ <u>CASTLE</u>

◊ <u>CRACKER</u>

◊ CRIMINAL <u>MINDS</u>

◊ DEATH IN <u>PARADISE</u>

◊ <u>DEXTER</u>

◊ <u>FBI</u>

◊ <u>FLORIDA</u> MAN

◊ LETHAL <u>WEAPON</u>

◊ <u>PSYCH</u>

◊ <u>RIZZOLI</u> AND ISLES

◊ <u>SHERLOCK</u>

◊ THE <u>BRIDGE</u>

◊ THE <u>GLADES</u>

◊ THE <u>OUTLAWS</u>

◊ THE <u>STRANGER</u>

◊ TOP OF THE <u>LAKE</u>

◊ WHAT <u>REMAINS</u>

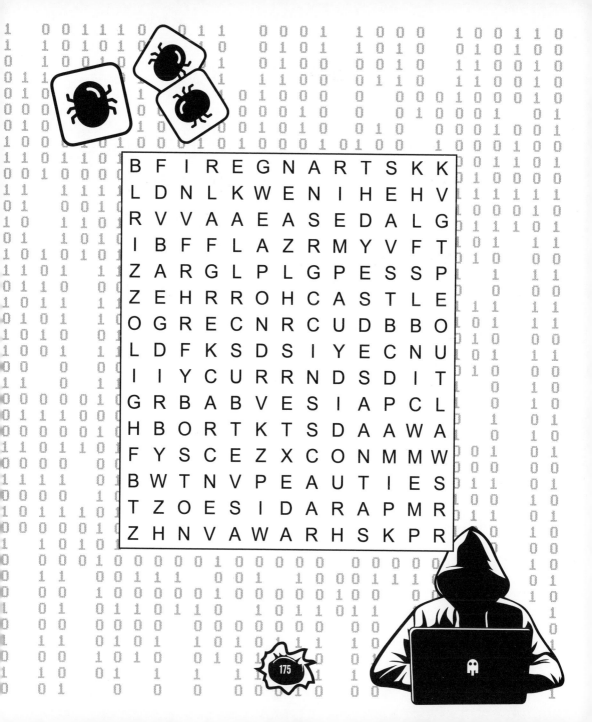

```
B F I R E G N A R T S K K
L D N L K W E N I H E H V
R V V A A E A S E D A L G
I B F F L A Z R M Y V F T
Z A R G L P L G P E S S P
Z E H R R O H C A S T L E
O G R E C N R C U D B B O
L D F K S D S I Y E C N U
I I Y C U R R N D S D I T
G R B A B V E S I A P C L
H B O R T K T S D A A W A
F Y S C E Z X C O N M M W
B W T N V P E A U T I E S
T Z O E S I D A R A P M R
Z H N V A W A R H S K P R
```

Victorian Criminals

◊ FREDERICK BAKER

◊ DEACON BRODIE

◊ BURKE AND HARE

◊ MARY ANN COTTON

◊ RICHARD DADD

◊ DEANSGATE MOB

◊ AMELIA DYER

◊ SARAH FREEMAN

◊ GLASGOW PENNY MOB

◊ JACK THE RIPPER

◊ CONSTANCE KENT

◊ LYDIA LLOYD

◊ FRED MANNING

◊ ALFRED MONSON

◊ WILLIAM PALMER

◊ JOHN TAWELL

◊ THE RIP RAPS

◊ KATE WEBSTER

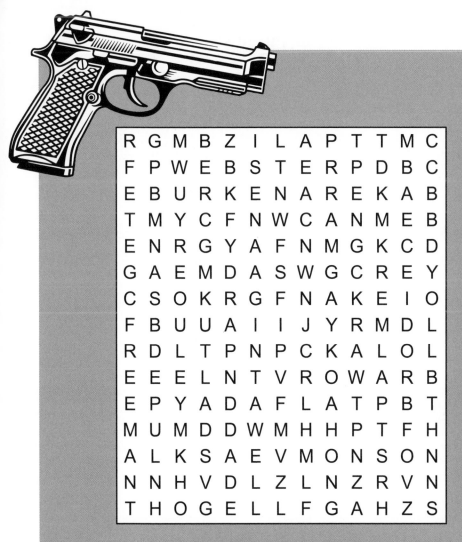

```
R G M B Z I L A P T T M C
F P W E B S T E R P D B C
E B U R K E N A R E K A B
T M Y C F N W C A N M E B
E N R G Y A F N M G K C D
G A E M D A S W G C R E Y
C S O K R G F N A K E I O
F B U U A I I J Y R M D L
R D L T P N P C K A L O L
E E E L N T V R O W A R B
E P Y A D A F L A T P B T
M U M D D W M H H P T F H
A L K S A E V M O N S O N
N N H V D L Z L N Z R V N
T H O G E L L F G A H Z S
```

177

87

Clue/Cluedo

◊ BALLROOM

◊ BILLIARD ROOM

◊ CANDLESTICK

◊ CONSERVATORY

◊ DAGGER

◊ DINING ROOM

◊ ENVELOPE

◊ HALL

◊ KITCHEN

◊ LIBRARY

◊ COLONEL MUSTARD

◊ MRS PEACOCK

◊ PROFESSOR PLUM

◊ REVOLVER

◊ ROPE

◊ MISS SCARLETT

◊ STUDY

◊ CHEF WHITE

```
D R E G G A D T I I G O M
M F N K R R Z R G G M Y Y
K C I T S E L D N A C D O
Y K S D K V R I I H R Y L
R Y R A R B I L N A G P T
O L M K Z A D Y I U S E I
T T B R M P T L D F T A E
A K A A P A L S N C U C N
V E L E T I H W U Y D O V
R L L N B C L U A M Y C E
E L R R E V O L V E R K L
S P O E N E H C T I K H O
N T O T K M Z E R U M A P
O P M R Z L M U L P R L E
C T T E L R A C S P Y L H
```

179

88

A Scandal in Bohemia,
Arthur Conan Doyle, 1922

One night — it was on the 20th of March, 1888 — I was returning from a journey to a patient (for I had now returned to civil practice), when my way led me through Baker Street. As I passed the well-remembered door, which must always be associated in my mind with my wooing, and with the dark incidents of the Study in Scarlet, I was seized with a keen desire to see Holmes again, and to know how he was employing his extraordinary powers. His rooms were brilliantly lighted, and even as I looked up, I saw his tall, spare figure pass twice in a dark silhouette against the blind. He was pacing the room swiftly, eagerly, with his head sunk upon his chest, and his hands clasped behind him. To me, who knew his every mood and habit, his attitude and manner told their own story. He was at work again. He had risen out of his drug-created dreams, and was hot upon the scent of some new problem.

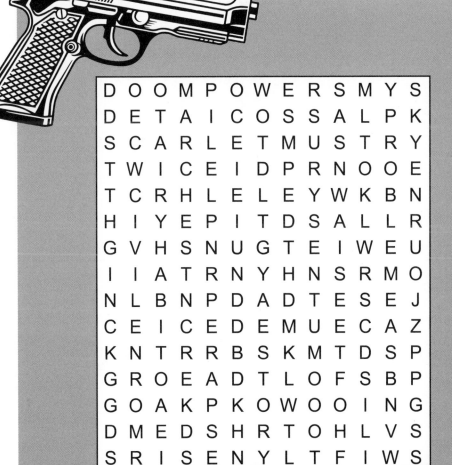

```
D O O M P O W E R S M Y S
D E T A I C O S S A L P K
S C A R L E T M U S T R Y
T W I C E I D P R N O O E
T C R H L E L E Y W K B N
H I Y E P I T D S A L L R
G V H S N U G T E I W E U
I I A T R N Y H N S R M O
N L B N P D A D T E S E J
C E I C E D E M U E C A Z
K N T R R B S K M T D S P
G R O E A D T L O F S B P
G O A K P K O W O O I N G
D M E D S H R T O H L V S
S R I S E N Y L T F I W S
```

89

Murder, She Wrote

- ◊ JULIE <u>ADAMS</u>
- ◊ TOM <u>BOSLEY</u>
- ◊ DEPUTY <u>BROOM</u>
- ◊ <u>CABOT</u> COVE
- ◊ <u>COASTAL</u> TOWN
- ◊ <u>ENGLISH</u> TEACHER
- ◊ JESSICA <u>FLETCHER</u>
- ◊ DEPUTY <u>FLOYD</u>
- ◊ ANGELA <u>LANSBURY</u>

- ◊ <u>MAINE</u>
- ◊ RON <u>MASAK</u>
- ◊ SHERIFF MORT <u>METZGER</u>
- ◊ <u>MYSTERY</u> WRITER
- ◊ WILL <u>NYE</u>
- ◊ SHERIFF AMOS <u>TUPPER</u>
- ◊ <u>TYPEWRITER</u>
- ◊ <u>WIDOW</u>
- ◊ WILLIAM <u>WINDOM</u>

```
R E T I R W E P Y T C L R
F C H P C O A S T A L D K
U H Z I B M L S T W W Y B
O K M R R R Y O S E A O T
A G O C I E B S Y B D L R
W O O R O A H M T S A F M
M O S Y C N O C A E Y N L
W D D G A G D T S R L A
R V E I L W O M F E A Y N
G E G N W Y E W N U L K S
G R P V I T E G I A H F B
V H K P Z A L L D N W N U
Y L D G U I M A S C D I R
M W E L S T M W M O V O Y
N R R H U S R L U S B E M
```

183

The Bow Street Runners

- ARMED
- BLIND BEAK
- CATO STREET
- CONSTABLES
- CRIME RATES
- DETECTION
- HENRY FIELDING
- FOOT PATROL
- HORSE PATROL

- JUSTICE
- LONDON
- OLD BAILEY
- POLICE
- PRIVATE
- REWARD
- ROBBERIES
- JACK SHEPPARD
- WESTMINSTER

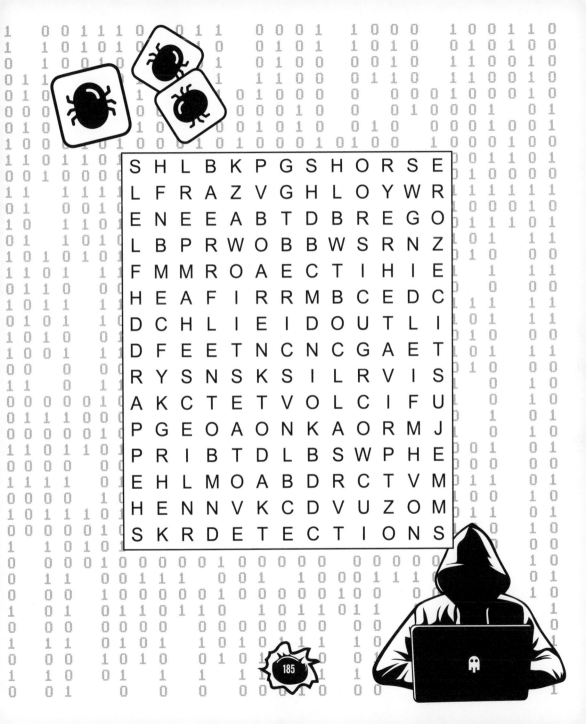

S	H	L	B	K	P	G	S	H	O	R	S	E
L	F	R	A	Z	V	G	H	L	O	Y	W	R
E	N	E	E	A	B	T	D	B	R	E	G	O
L	B	P	R	W	O	B	B	W	S	R	N	Z
F	M	M	R	O	A	E	C	T	I	H	I	E
H	E	A	F	I	R	R	M	B	C	E	D	C
D	C	H	L	I	E	I	D	O	U	T	L	I
D	F	E	E	T	N	C	N	C	G	A	E	T
R	Y	S	N	S	K	S	I	L	R	V	I	S
A	K	C	T	E	T	V	O	L	C	I	F	U
P	G	E	O	A	O	N	K	A	O	R	M	J
P	R	I	B	T	D	L	B	S	W	P	H	E
E	H	L	M	O	A	B	D	R	C	T	V	M
H	E	N	N	V	K	C	D	V	U	Z	O	M
S	K	R	D	E	T	E	C	T	I	O	N	S

91   **Commonly Stolen**

◊ ALCOHOL

◊ BAGS

◊ BIKES

◊ CAMERAS

◊ CARS

◊ CLOTHING

◊ ELECTRONICS

◊ FUEL

◊ KEYS

◊ LAPTOPS

◊ MEAT

◊ MEDICATION

◊ MONEY

◊ PHONES

◊ PURSES

◊ RAZORS

◊ RINGS

◊ TOOLS

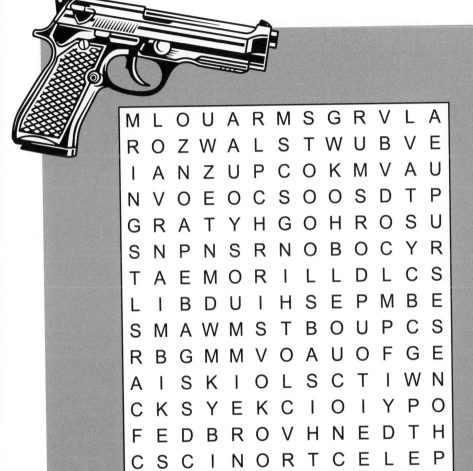

M L O U A R M S G R V L A
R O Z W A L S T W U B V E
I A N Z U P C O K M V A U
N V O E O C S O O S D T P
G R A T Y H G O H R O S U
S N P N S R N O B O C Y R
T A E M O R I L L D L C S
L I B D U I H S E P M B E
S M A W M S T B O U P C S
R B G M M V O A U O F G E
A I S K I O L S C T I W N
C K S Y E K C I O I Y P O
F E D B R O V H N E D T H
C S C I N O R T C E L E P
O C S A R E M A C A L V M

187

92

The History of Burke and Hare, and of the Resurrectionist Times, George MacGregor, 1884

They put the <u>body</u> into a <u>sack</u>, and carried it to <u>Surgeons'</u> Square. When they arrived there they were in <u>doubt</u> as to what they <u>should</u> do with it. They laid it down at the <u>door</u> of a <u>cellar</u>, and then <u>went</u> to the room, where they <u>saw</u> the <u>students</u>. By their instructions they carried the <u>corpse</u> into the room, <u>took</u> it out of the sack, and <u>placed</u> it on a dissecting <u>table</u>. A <u>shirt</u> which was on the body they <u>removed</u> at the <u>request</u> of the students, and Dr. <u>Knox</u>, having <u>examined</u> it, proposed they should get £7 10s. The <u>money</u> was paid by <u>Jones</u>… the paymaster saying he would be <u>glad</u> to see them <u>again</u> when they had any <u>other</u> body to <u>dispose</u> of. This was the first <u>transaction</u> these two men had with the <u>doctors</u>, and it is <u>curious</u> to notice how an <u>incident</u> of so little <u>moment</u> in <u>itself</u> should be to them the first <u>step</u> in a <u>long</u> and <u>terrible</u> <u>course</u> of <u>crime</u>.

```
P E T S A C K E S P R O C
T W Y R A X O N K O W E P
B D E C A L P B O D A L G
U C N N U N O D O Y S B F
O R O S T R S N T D G I L
D E M T B W I A G G Y R E
S H O U L D D O C T O R S
D T V D T I E T U T Z E T
E O I E S S N N R S I T I
V E J N E P R C I I H O A
O L O T U O A C I M H G N
M B N S Q S L I R D A S U
E A E Y E E L T Z I E X M
R T S U R G E O N S M N E
M O M E N T C O U R S E T
```

189

93

Archaic Crime Words

AFORE (BEFORE)

AMBUSCADE (AN AMBUSH)

BANE (POISON)

BEDLAM (ASYLUM)

BEHOOF (BENEFIT)

BODKIN (DAGGER)

CHICANE (HOODWINK)

CONTUMELY (INSULTING)

CUTPURSE (A PICKPOCKET)

DARBIES (HANDCUFFS)

DELATE (REPORT)

DEMORALIZE (CORRUPT)

GYVE (A SHACKLE)

JADE (A DISREPUTABLE WOMAN)

KNAVE (A DISHONEST MAN)

LARCENER (THIEF)

PEELER (A POLICE OFFICER)

PICAROON (A SCOUNDREL)

```
C W Z D L N J F G M U U E
O R E D K A O A U E B B F
N M G V V E L O D V D K E
T A H Y Y R V A R E I S Z
U L E V A G C E M A R W G
M D F C A S M O T U C C R
E E L R U S R B P A H I R
L B N B N A E T O I L E P
Y K M K L E U I C D L E B
O A N I V C P A B E K L D
I E Z A E A N A E R L I Z
B E N C V E N P F L A D N
H F O O H E B O C O D D P
W U G U Z Z Y R F O R D S
R E N E C R A L T A W E K
```

191

94

Big Screen Bad Guys

◊ AGAMEMNON

◊ NORMAN BATES

◊ BLOFELD

◊ CALVIN CANDIE

◊ HEDY CARLSON

◊ FRANK COSTELLO

◊ TYLER DURDEN

◊ ALEX FORREST

◊ GORDON GEKKO

◊ HANS GRUBER

◊ ALONZO HARRIS

◊ FREDDIE KRUGER

◊ LEATHERFACE

◊ MICHAEL MYERS

◊ HOWARD PAYNE

◊ NURSE RATCHED

◊ NORMAN STANSFIELD

◊ BIFF TANNEN

```
V Y C O A G G R P C S Y W
M D Y G U M N G O N E B D
D I Z E C E M S S E T U E
K B P K Z A T P T N A U C
R E L K L E R Y A N B U A
A N Y O L R Y L N A H T F
T Y M L F K G C S T S S R
C A O M R E H A F O T E E
H P N U G G L N I T N R H
E K G L H R S D E Z N R T
D E I D Y U F I L A E O A
R T Z U R B N E D E D F E
M Y E R S E B C T D R T L
E T H A R R I S T T U N B
N O N M E M A G A G D L C
```

95

The Tell-Tale Heart,
Edgar Allan Poe, 1843

…There came a <u>knocking</u> at the street door. I went down to <u>open</u> it with a light <u>heart</u>, — for what had I now to fear? There entered three men, who introduced themselves, with <u>perfect</u> suavity, as officers of the police. A <u>shriek</u> had been <u>heard</u> by a neighbor during the <u>night</u>; suspicion of foul <u>play</u> had been <u>aroused</u>; information had been <u>lodged</u> at the <u>police</u> office, and they (the officers) had been <u>deputed</u> to search the <u>premises</u>.

I <u>smiled</u>, — for what had I to fear? I bade the gentlemen <u>welcome</u>. The shriek, I said, was my <u>own</u> in a <u>dream</u>. The <u>old</u> man, I mentioned, was <u>absent</u> in the <u>country</u>. I took my visitors all over the <u>house</u>. I bade them <u>search</u> — search well. I led them, at <u>length</u>, to his <u>chamber</u>. I showed them his <u>treasures</u>, secure, undisturbed. In the enthusiasm of my confidence, I brought <u>chairs</u> into the <u>room</u>, and desired <u>them</u> here to rest from their fatigues, while I myself, in the wild <u>audacity</u> of my perfect <u>triumph</u>, placed my own seat upon the <u>very</u> spot beneath which <u>reposed</u> the <u>corpse</u> of the <u>victim</u>

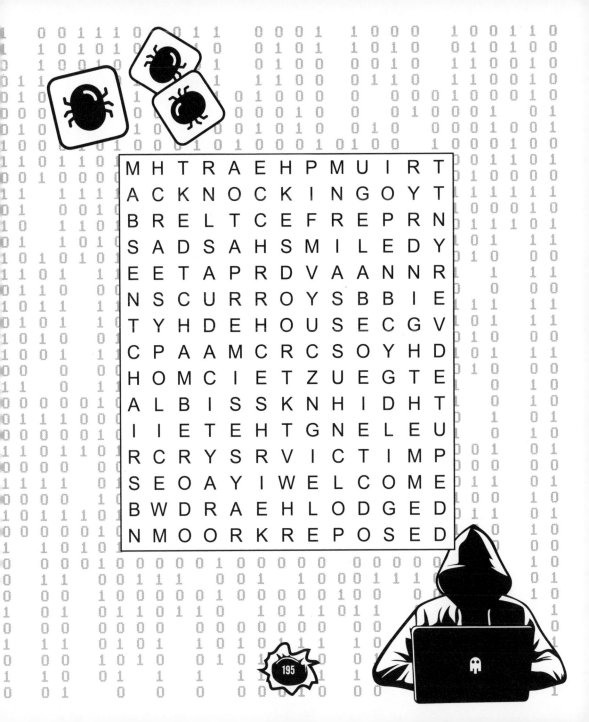

M	H	T	R	A	E	H	P	M	U	I	R	T
A	C	K	N	O	C	K	I	N	G	O	Y	T
B	R	E	L	T	C	E	F	R	E	P	R	N
S	A	D	S	A	H	S	M	I	L	E	D	Y
E	E	T	A	P	R	D	V	A	A	N	N	R
N	S	C	U	R	R	O	Y	S	B	B	I	E
T	Y	H	D	E	H	O	U	S	E	C	G	V
C	P	A	A	M	C	R	C	S	O	Y	H	D
H	O	M	C	I	E	T	Z	U	E	G	T	E
A	L	B	I	S	S	K	N	H	I	D	H	T
I	I	E	T	E	H	T	G	N	E	L	E	U
R	C	R	Y	S	R	V	I	C	T	I	M	P
S	E	O	A	Y	I	W	E	L	C	O	M	E
B	W	D	R	A	E	H	L	O	D	G	E	D
N	M	O	O	R	K	R	E	P	O	S	E	D

195

CSI: Notable Guest Stars

- ◊ KHANDI <u>ALEXANDER</u>
- ◊ JONATHAN <u>BANKS</u>
- ◊ TRAVIS <u>BARKER</u>
- ◊ JUSTIN <u>BIEBER</u>
- ◊ VIOLA <u>DAVIS</u>
- ◊ DAKOTA <u>FANNING</u>
- ◊ TARAJI P. <u>HENSON</u>
- ◊ MICHAEL B. <u>JORDAN</u>
- ◊ JOHN <u>MAYER</u>

- ◊ CHRISTINA <u>MILIAN</u>
- ◊ CHRIS <u>PINE</u>
- ◊ ZACHARY <u>QUINTO</u>
- ◊ JEREMY <u>RENNER</u>
- ◊ KATEY <u>SAGAL</u>
- ◊ JASON <u>SEGEL</u>
- ◊ AMANDA <u>SEYFRIED</u>
- ◊ TAYLOR <u>SWIFT</u>
- ◊ CHANNING <u>TATUM</u>

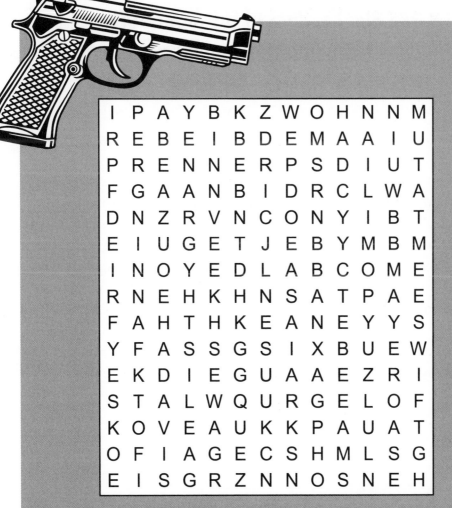

```
I P A Y B K Z W O H N N M
R E B E I B D E M A A I U
P R E N N E R P S D I U T
F G A A N B I D R C L W A
D N Z R V N C O N Y I B T
E I U G E T J E B Y M B M
I N O Y E D L A B C O M E
R N E H K H N S A T P A E
F A H T H K E A N E Y Y S
Y F A S S G S I X B U E W
E K D I E G U A A E Z R I
S T A L W Q U R G E L O F
K O V E A U K K P A U A T
O F I A G E C S H M L S G
E I S G R Z N N O S N E H
```

197

97   *Lives and Exploits of the Most Noted Highwaymen, Robbers and Murderers of All Nations*, Charles Whitehead, 1847

There never was, perhaps, a man in the particular profession to which this notorious fellow devoted himself, whose name was more familiar in the mouths of the common people than that of Richard Turpin. But, since it invariably happens that a certain proportion of curiosity respecting the life and actions of a man is sure to beget a corresponding desire to satisfy it, we cannot wonder if the perplexed biographer should sometimes resort to fiction to supply the deficiencies of fact. Hence it has happened that certain exploits have been attributed to Turpin which do not properly belong to him; amongst others, the unparalleled ride from York to London in an unprecedentedly short period, performed, it is averred, on a single horse. We have never been able to find any authentic account of this feat, nor have we, as yet, discovered any conceivable necessity that should compel him to such a rapid journey.

```
N O D N O L R K R O Y T C
B P H A P P E N S D C R O
R E R I S E D T U N P O M
E A J O U R N E Y O E H M
V R I H P U O M Z I O S O
E E N L O E W Z N S P W N
N H E C I G R D B S L O I
D P C N C M I L I E E L P
E A E A O P A N Y F G L R
R R S M A I G F I O C E U
R G S R O L T N E R O F T
E O I B E U D C F P M N E
V I T C E R T A I N P E D
A B Y U C W K H L F E E I
T S G N O M A A S K L B R
```

Courts

◊ APPEAL

◊ ASSIZE

◊ BOW STREET

◊ CORONERS

◊ COUNTY

◊ CROWN

◊ DISTRICT

◊ FAMILY

◊ HIGH

◊ JUSTICE

◊ LAW COURTS

◊ MAGISTRATES

◊ OLD BAILEY

◊ SENIOR

◊ SUPREME

◊ THE HAGUE

◊ TRIBUNALS

◊ VERDERERS

```
S R Y E L I A B D L O Y G
T E R J U C N P P D N L G
R I T S U L O H Y P W I R
U U K A A S I U U L O M S
O E M E R G T Z N F R A Y
C C P R H T B I V T C F L
W P P I C R S D C H Y S B
A L F D U I U I F E M R A
L M H Y T B P S G H N E S
K N F Z T U R T Z A P R S
V C O R O N E R S G M E I
Y V K E D A M I G U E D Z
I W H R I L E C D E K R E
R O I N E S B T N T Y E H
R D T E E R T S W O B V M
```

Confessions of a Thug,
Meadows Taylor, 1858

The tale of <u>crime</u> which <u>forms</u> the subject of the following <u>pages</u> is, alas! almost all <u>true</u>; what there is of <u>fiction</u> has been supplied only to <u>connect</u> the events, and make the adventures of <u>Ameer</u> Ali as interesting as the nature of his <u>horrible</u> profession would permit me. I became <u>acquainted</u> with this person in 1832. He was one of the approvers or <u>informers</u> who were sent to the <u>Nizam's</u> territories from <u>Saugor</u>, and whose appalling disclosures caused an excitement in the country which can never be <u>forgotten</u>. I have listened to them with <u>fearful</u> interest, such as I can <u>scarcely</u> hope to excite in the <u>minds</u> of my readers; and I can only <u>add</u>, in corroboration of the <u>ensuing</u> story, that, by his own <u>confessions</u>, which were in every particular confirmed by <u>those</u> of his <u>brother</u> informers, and are upon <u>official</u> record, he had been <u>directly</u> concerned in the <u>murder</u> of seven hundred and nineteen <u>persons</u>. He once said to me, "Ah! Sir, if I had not been in <u>prison</u> <u>twelve</u> years, the <u>number</u> would have been a <u>thousand</u>!"

```
N B S S P E R S O N S D Y
E R R D Y L T C E R I D L
T O E N T W E L V E I U E
T T M I S M R O F D F N C
O H R M E S O H T R S Y R
G E O D E T N I A U Q C A
R R F U H D N E I M E N C
O L N E S O F N E S M T S
F A I U I A G A U M I C P
L I B T M E N D R A R E R
V C C G I B U D T Z C N I
E I C O N F E S S I O N S
F F B A M E E R R N E O O
L F E L B I R R O H N C N
U O R P A G E S A U G O R
```

◊ *ARROW*

◊ *BETTER* CALL SAUL

◊ *BONES*

◊ BROOKLYN *NINE-NINE*

◊ CROSSING *LINES*

◊ *DIAGNOSIS* MURDER

◊ *FARGO*

◊ *KILLING* EVE

◊ LINE OF *DUTY*

◊ *LUPIN*

◊ *MAGNUM PI*

◊ *MIDSOMER* MURDERS

◊ MONEY *HEIST*

◊ PERSON OF *INTEREST*

◊ *POKER* FACE

◊ *SWAT*

◊ THE *LINCOLN* LAWYER

◊ *VERA*

```
V S S I S O N G A I D F Y
L E N H I L B K T P L U G
A N R I O G S N S U R D B
B I R C N U R E K O P N E
K L N T B E N A C Y R A T
R I K S A O N M M I Y S T
L P I I B R T I P N E G E
M Z E E L L E M N R E I R
V I N H U L U V E E C W E
N V D P V N I T S P L O C
G T I S G I N N A L E R O
D N T A O I T Y G W Z R G
D U M V T M U O P D S A R
W O T Z L Z E B I Y N O A
T B R Y F N B R L K K Y F
```

101 Frontier Towns

◊ BANDERA

◊ BISBEE

◊ BODIE

◊ CALICO

◊ CENTRAL CITY

◊ CHEYENNE

◊ CODY

◊ CRIPPLE CREEK

◊ DODGE CITY

◊ LARAMIE

◊ OATMAN

◊ PENDLETON

◊ PRESCOTT

◊ SAN ANGELO

◊ SANTE FE

◊ SILVERTON

◊ VICTOR

◊ VIRGINIA CITY

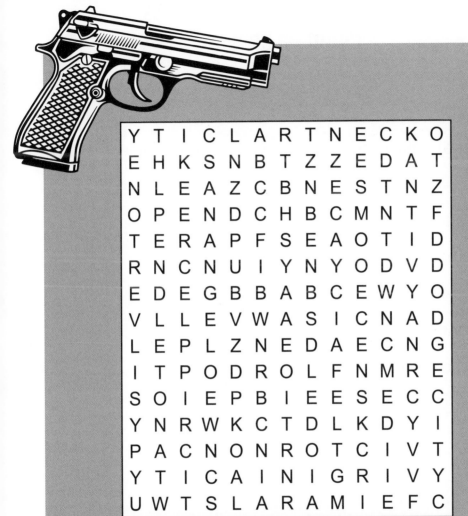

```
Y T I C L A R T N E C K O
E H K S N B T Z Z E D A T
N L E A Z C B N E S T N Z
O P E N D C H B C M N T F
T E R A P F S E A O T I D
R N C N U I Y N Y O D V D
E D E G B B A B C E W Y O
V L L E V W A S I C N A D
L E P L Z N E D A E C N G
I T P O D R O L F N M R E
S O I E P B I E E S E C C
Y N R W K C T D L K D Y I
P A C N O N R O T C I V T
Y T I C A I N I G R I V Y
U W T S L A R A M I E F C
```

207

◊ BEING <u>POIROT</u>

◊ KENNETH <u>BRANAGH</u>

◊ <u>CURTAIN</u>

◊ DEAD MAN'S <u>FOLLY</u>

◊ ALBERT <u>FINNEY</u>

◊ <u>FLORIN</u> COURT

◊ CAPTAIN <u>HASTINGS</u>

◊ INSPECTOR <u>JAPP</u>

◊ HUGH <u>LAURIE</u>

◊ MISS <u>LEMON</u>

◊ JOHN <u>MALKOVICH</u>

◊ ALFRED <u>MOLINA</u>

◊ ARIADNE <u>OLIVER</u>

◊ TONY <u>RANDALL</u>

◊ DAVID <u>SUCHET</u>

◊ AUSTIN <u>TREVOR</u>

◊ THE MURDER OF ROGER <u>ACKROYD</u>

◊ PETER <u>USTINOV</u>

```
L  L  A  D  N  A  R  Y  Y  T  K  M  S
O  S  H  C  I  V  O  K  L  A  M  P  O
H  M  B  I  D  K  H  S  I  L  P  T  R
H  W  O  H  C  P  N  O  G  A  O  A  O
B  F  F  L  T  A  L  Y  J  S  L  F  V
Z  L  O  L  I  V  E  R  Y  M  T  N  E
H  O  W  V  O  N  I  T  S  U  N  O  R
B  R  N  A  N  S  A  M  A  T  I  M  T
R  I  A  I  T  O  R  I  O  P  A  E  H
A  N  F  Z  T  E  H  C  U  S  T  L  H
N  F  H  M  Y  Y  P  D  P  C  R  A  I
A  P  U  L  T  R  K  Z  O  V  U  U  F
G  Z  S  G  N  I  T  S  A  H  C  R  O
H  A  C  K  R  O  Y  D  S  E  S  I  N
Z  L  P  U  F  W  P  P  U  L  A  E  N
```

The Criminal,
Havelock Ellis, 1890

The beard in criminals is usually scanty. As against 1.5 per cent. cases of absence of beard in normal persons, Marro found 13.9 per cent. in criminals, and a very large proportion having scanty beard… On the head the hair is usually, on the contrary, abundant. Marro has observed a notable proportion of woolly-haired persons, a character very rarely found in normal individuals. The same character has been noted among idiots. In contrast with what is found among the insane, baldness is very rare. Among criminal women remarkable abundance of hair is frequently noted, and it has sometimes formed their most characteristic physical feature, accompanied by an unusual development of fine hair on the face and body. It is worthwhile pointing out that (as Dr. Langdon Down notes) there are frequent anomalies in the development of hair among idiots. Some are hirsute over the entire body; 11 per cent. have continuous eye-brows.

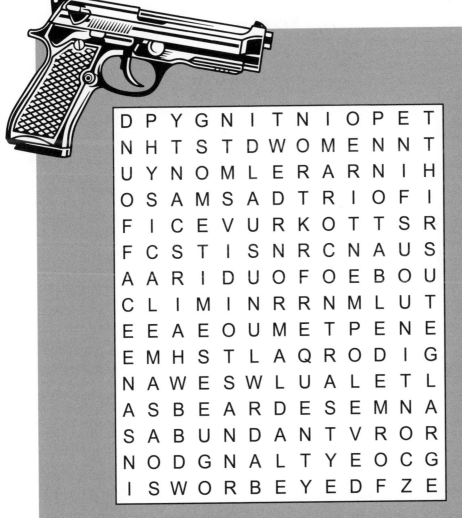

```
D P Y G N I T N I O P E T
N H T S T D W O M E N N T
U Y N O M L E R A R N I H
O S A M S A D T R I O F I
F I C E V U R K O T T S R
F C S T I S N R C N A U S
A A R I D U O F O E B O U
C L I M I N R R N M L U T
E E A E O U M E T P E N E
E M H S T L A Q R O D I G
N A W E S W L U A L E T L
A S B E A R D E S E M N A
S A B U N D A N T V R O R
N O D G N A L T Y E O C G
I S W O R B E Y E D F Z E
```

The Sopranos

◊ ADRIANA

◊ LORRAINE BRACCO

◊ CARMELA

◊ DAVID CHASE

◊ CORRADO

◊ CRIME BOSS

◊ DIMEO FAMILY

◊ JAMES GANDOLFINI

◊ LIVIA

◊ MAFIA

◊ MEADOW

◊ DOCTOR JENNIFER MELFI

◊ NEW JERSEY

◊ PAULIE

◊ SALVATORE

◊ SILVIO

◊ TONY SOPRANO

◊ THERAPY

```
P L U S M T N A M Y F W H
W I N A T E O C C A R B T
E V Z L T U L D I M E O I
S I L V I O T F G V Y D N
C A L A F N G T I P Y A I
R O C T H E R A P Y Y L F
R O R O B F H A K E E E L
U N C R T I I S S R I M O
M A W E A F G R N G L R D
E R I M A D E U S R U A N
A P F M B J O I P P A C A
D O R S W C H A S E P R G
O S F E Z P F K F V O I Z
W I N O B C T A B C B M D
S Y I A N A I R D A S E N
```

213

Alcatraz Inmates

- ◊ CLARENCE ANGLIN
- ◊ DOC BARKER
- ◊ JOSEPH BOWERS
- ◊ WHITEY BULGER
- ◊ AL CAPONE
- ◊ CLARENCE CARNES
- ◊ MICKEY COHEN
- ◊ TED COLE
- ◊ BERNARD COY

- ◊ JOSEPH PAUL "DUTCH" CRETZER
- ◊ HERBERT FARMER
- ◊ ROY GARDNER
- ◊ BUMPY JOHNSON
- ◊ ALVIN "CREEPY" KARPIS
- ◊ MACHINE GUN KELLY
- ◊ FRANK MORRIS
- ◊ MORTON SOBELL
- ◊ ROBERT "BIRDMAN OF ALCATRAZ" STROUD

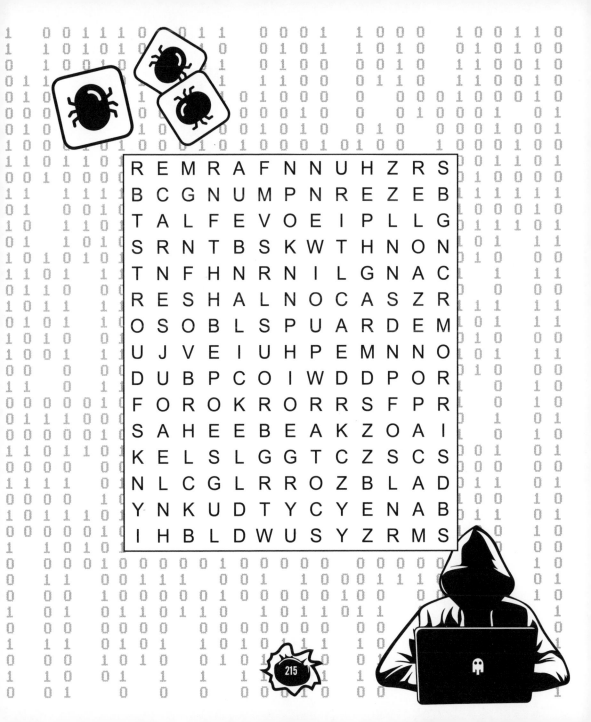

R	E	M	R	A	F	N	N	U	H	Z	R	S
B	C	G	N	U	M	P	N	R	E	Z	E	B
T	A	L	F	E	V	O	E	I	P	L	L	G
S	R	N	T	B	S	K	W	T	H	N	O	N
T	N	F	H	N	R	N	I	L	G	N	A	C
R	E	S	H	A	L	N	O	C	A	S	Z	R
O	S	O	B	L	S	P	U	A	R	D	E	M
U	J	V	E	I	U	H	P	E	M	N	N	O
D	U	B	P	C	O	I	W	D	D	P	O	R
F	O	R	O	K	R	O	R	R	S	F	P	R
S	A	H	E	E	B	E	A	K	Z	O	A	I
K	E	L	S	L	G	G	T	C	Z	S	C	S
N	L	C	G	L	R	R	O	Z	B	L	A	D
Y	N	K	U	D	T	Y	C	Y	E	N	A	B
I	H	B	L	D	W	U	S	Y	Z	R	M	S

215

106

At the Crime Scene

- ◊ ALIBI
- ◊ ANALYSIS
- ◊ ARREST
- ◊ CUSTODY
- ◊ EVIDENCE
- ◊ FIRST RESPONDER
- ◊ FORENSICS
- ◊ HANDCUFFS
- ◊ INVESTIGATION

- ◊ OFFICER
- ◊ PARAMEDIC
- ◊ RIGHTS
- ◊ SEARCH
- ◊ SECURE
- ◊ SUSPECTS
- ◊ TENT
- ◊ VICTIM
- ◊ WITNESS

```
E W R E C I F F O O T R V
F S S I O N S E Z R P E I
O E W C P V E Y I U E D C
Y A U N I E B G V U C N T
S R I B O S H Y K I I O I
U C O F Y T N M D B T P M
S H M V S I M E I Y Z S A
P N C Y Z G M L R D E E A
E Z L A U A A K O O I R N
C R Y V R T T E N T F T A
T H U A F I S I O S C S L
S D P C A O R E H U U R Y
E V I D E N C E R C D I S
W I T N E S S A O R T F I
P S F F U C D N A H A P S
```

217

107

Jack Reacher

- A _WANTED_ MAN
- BLUE _MOON_
- DIE _TRYING_
- _ECHO_ BURNING
- GONE _TOMORROW_
- _KILLING_ FLOOR
- _NEVER_ GO BACK
- NIGHT _SCHOOL_
- NO _PLAN B_

- _NOTHING_ TO LOSE
- PAST _TENSE_
- THE _AFFAIR_
- THE _ENEMY_
- THE _MIDNIGHT_ LINE
- THE _SENTINEL_
- _TRIPWIRE_
- WITHOUT _FAIL_
- _WORTH_ DYING FOR

```
T T K A G A H B O H L N P
O G T S F H O T K G S I B
M W M F W O H E R N A F S
O D A V R R C W K O A M C
R I R T E M E P A I W N H
R B U V R G I S L N R F O
O T E T D I V D T R T U O
W N P R A R P D N E I E L
B H K Y V V E W K I N I D
V W H I N O T H I N G S F
Y B S N E Y E A L R V H E
N M N G C Z U C L S E D T
S K E A S E N T I N E L O
N G G N L U T Y N T F E Z
N O O M E P V H G Z I L I
```

219

108

Criminal Records

- ◊ ARREST
- ◊ BAIL
- ◊ CAUTION
- ◊ CELL
- ◊ DNA SAMPLE
- ◊ EVIDENCE
- ◊ FIFTH AMENDMENT
- ◊ FORENSICS
- ◊ IDENTITY PARADE

- ◊ INTERVIEW
- ◊ JUDGE
- ◊ JURY
- ◊ LEGAL REPRESENTATION
- ◊ MIRANDA RIGHTS
- ◊ POLICE CHECK
- ◊ PRISON
- ◊ SENTENCE
- ◊ TRIAL

```
I A R L U K H A C T N T T
I N F A F C F P Z O V L Z
I R A G I E G D S T P F C
E I R E F H V I W N F O A
C G R L T C R E O T F N L
N H E S H P I I C Y G L P
E T S A J V T T T Z E W Y
D S T U R U U I R C P L I
I T D E A T T C I I I N Y
V G T C R N I A A A A E I
E N I C E V V D B B G L C
I U R D F O R E N S I C S
T A I S A R S B C J U R Y
I U D E C N E T N E S T S
S E I L E L P M A S A N D
```

221

109

Sherlock Holmes

◊ A CASE OF <u>IDENTITY</u>

◊ A <u>SCANDAL</u> IN BOHEMIA

◊ A STUDY IN <u>SCARLET</u>

◊ BAKER <u>STREET</u>

◊ <u>BILLY</u>

◊ INSPECTOR <u>GREGSON</u>

◊ HIS LAST <u>BOW</u>

◊ MYCROFT <u>HOLMES</u>

◊ MRS <u>HUDSON</u>

◊ SHINWELL <u>JOHNSON</u>

◊ INSPECTOR <u>LESTRADE</u>

◊ COLONEL SEBASTIAN <u>MORAN</u>

◊ MARY <u>MORSTAN</u>

◊ PROFESSOR <u>MORIARTY</u>

◊ THE <u>FINAL</u> PROBLEM

◊ THE FIVE ORANGE <u>PIPS</u>

◊ THE VALLEY OF <u>FEAR</u>

◊ DOCTOR JOHN <u>WATSON</u>

```
F A L P Z F L W T H W F Y
E O T A I N F B Y A O K H
I G P V N W O N Z L B M V
S A N M V I O S G W O R B
F H B K F S F R D R Z E G
E D A R T S E L S U N G D
Y Z E A I G Y T W O H B Y
T I W C S L A M S O U T H
R S B O L N O N L N I Y S
A C N I H R H M D T T Y A
I A B F A O E R N E Y F H
R R P N J S L E E S H E I
O L I I N F D R Y N V A B
M E A V P I T O Y P R R G
A T W F O S L A D N A C S
```

223

110

The Story of the Outlaw,
Emerson Hough, 1905

The real name of <u>Wild</u> Bill was James Butler <u>Hickok</u>, and he was born in May, 1837, in La Salle county, <u>Illinois</u>. This brought his <u>youth</u> into the days of <u>Western</u> exploration and <u>conquest</u>… [and] proposed a life of <u>adventure</u> for himself. He was <u>eighteen</u> years of <u>age</u> when he first saw the West as a fighting <u>man</u> under Jim <u>Lane</u>, of Free <u>Soil</u> fame, in the <u>guerrilla</u> days of <u>Kansas</u> before the civil <u>war</u>. He made his mark, and was <u>elected</u> a constable in that <u>dangerous</u> country before he was <u>twenty</u> years of age. He was then a tall, "<u>gangling</u>" youth, six <u>feet</u> one in <u>height</u>, with <u>yellow</u> hair and <u>blue</u> eyes. He later developed into as splendid looking a man as ever <u>trod</u> on <u>leather</u>, muscular and agile as he was <u>powerful</u> and enduring. His <u>features</u> were clean-cut and <u>expressive</u>, his carriage erect and dignified, and no one ever looked less the <u>conventional</u> part of the bad man <u>assigned</u> in popular <u>imagination</u>.

```
L S D E T C E L E U L B Y
A E G S U O R E G N A D E
N R A P N R U A O S O I L
O U N N R E T S E W F M L
I T G H H H N S H A E A O
T A L T E T E I A R V G W
N E I U I A V G L T I I K
E F N O G E D N L S S N O
V U G Y H L A E I E S A K
N W H F T R O D R U E T C
O N E E T H G I E Q R I I
C E Y T N E W T U N P O H
T S A S N A K G G O X N N
Z S I O N I L L I C E G A
D L I W L U F R E W O P M
```

225

Guy Fawkes

- ◊ AMMUNITION
- ◊ ARRESTS
- ◊ BARRELS
- ◊ BONFIRE
- ◊ ROBERT CATESBY
- ◊ CATHOLICS
- ◊ CELLAR
- ◊ EXPLOSION
- ◊ FIREWORKS

- ◊ GUNPOWDER
- ◊ HOUSE OF LORDS
- ◊ JESUITS
- ◊ NOVEMBER FIFTH
- ◊ PARLIAMENT
- ◊ PLOT
- ◊ REGICIDE
- ◊ TIPPED OFF
- ◊ TUNNELS

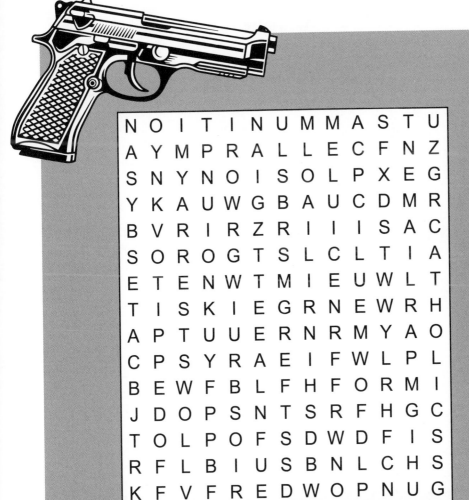

```
N O I T I N U M M A S T U
A Y M P R A L L E C F N Z
S N Y N O I S O L P X E G
Y K A U W G B A U C D M R
B V R I R Z R I I I S A C
S O R O G T S L C L T I A
E T E N W T M I E U W L T
T I S K I E G R N E W R H
A P T U U E R N R M Y A O
C P S Y R A E I F W L P L
B E W F B L F H F O R M I
J D O P S N T S R F H G C
T O L P O F S D W D F I S
R F L B I U S B N L C H S
K F V F R E D W O P N U G
```

Solutions

1

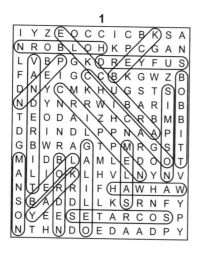

2

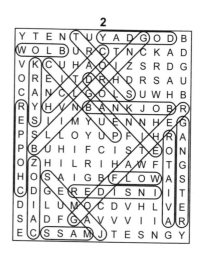

3

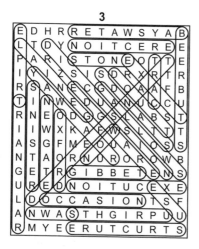

4

Solutions

5

6

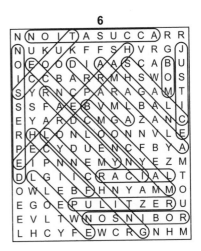

7

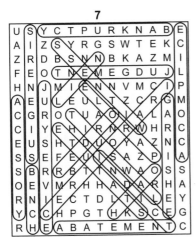

8

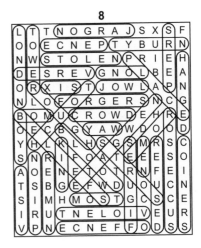

Solutions

9

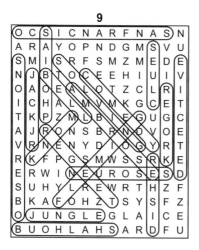

10

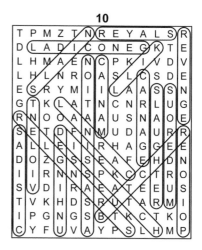

11

12

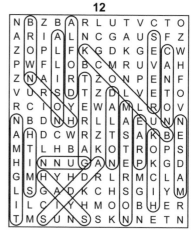

Solutions

13

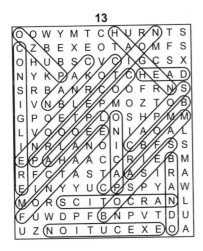

14

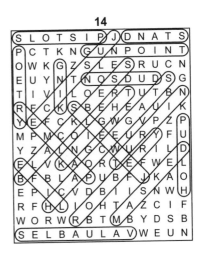

15

16

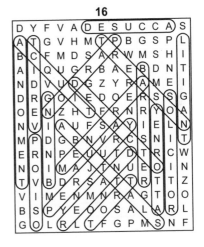

Solutions

17

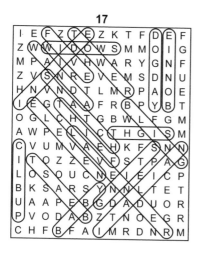

18

19

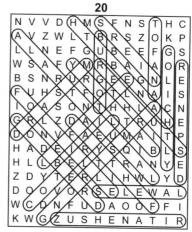

20

Solutions

21

22

23

24

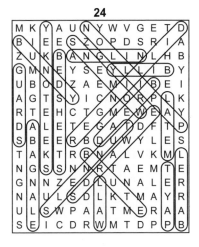

233

Solutions

25

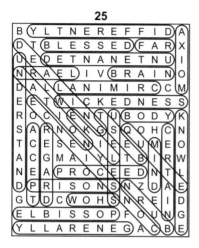

26

27

28

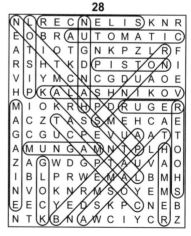

Solutions

29

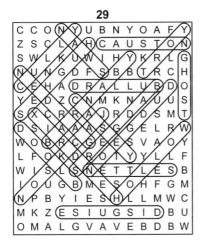

30

31

32

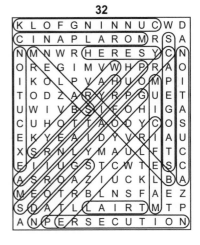

Solutions

33

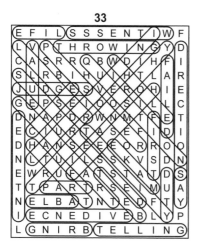

34

35

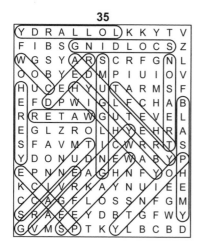

36

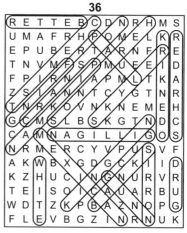

Solutions

37

38

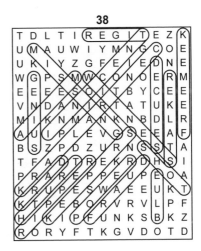

39

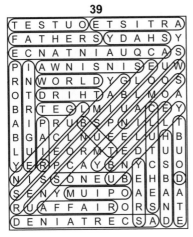

40

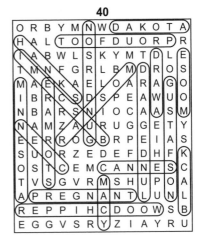

Solutions

41

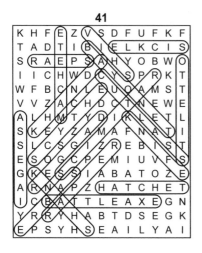

42

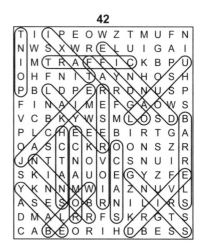

43

44

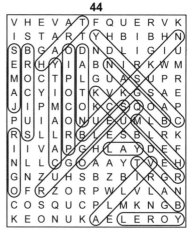

Solutions

45

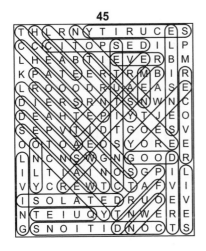

46

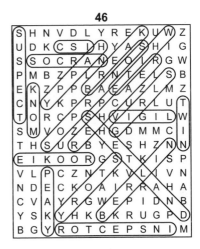

47

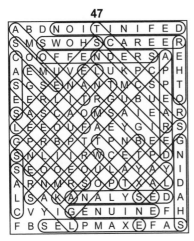

48

239

Solutions

49

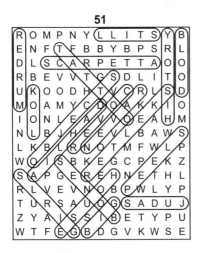

```
R B A S M O S S I R G M T
L M O N T A L B A N O W T
G P L H C S N U C C F G E
R E H C T E L F T Y K H K
P F H V S N G V B H M P C
E M O K L S S A A K E Y O
R A L C M O R S E U N R R
E R T L G N O U M W Y R C
Z S U Y A P K G F C E E S
C N F B W A T F I O L D R
D A Y Y J E V S Y I L L M
Y F S O U O H S O E A U D
N T K T M M G U P R P M O
N F D T L U W K N F F R T
S P E N C E R P L T C T W
```

50

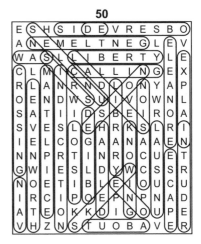

```
E S H S I D E V R E S B O
A N E M E L T N E G L E V
W A S L L I B E R T Y L E
C L M C A L L I N G E X
R L A N R N D L O N Y A P
O E N D W S U I V O W N L
S A T I I D S B E I R O A
S V E S L E H R K S L R I
I E L C O G A A N A A E N
N N P R T I N R O C U E T
G W I E S L D Y W C S S R
N O E T I B L E U O C U U
I R C I P O E P N P N A D
A T E O K K D I G O U P E
V H Z N S T U O B A V E R
```

51

```
R O M P N Y L L I T S Y B
E N F T F B B Y B P S R L
D L S C A R P E T T A O O
R B E V V T G S D L I T O
U K O O D H T V C R L S D
M O A M Y C D O A K K I O
I O N L E A V V O E A H M
N L B J H E E V L B A W S
L K B L R N O T M F W L P
W O I S B K E G C P E K Z
S A P G E R E H N E T H L
R L V E V N O B P W L Y P
T U R S A U O G S A D U J
Z Y A I S S I B E T Y P U
W T F E G B D G V K W S E
```

52

```
T K M L T T W A V G C Z U
N M R E B M A K B N F T S
E T O G Y A S I L A N O M
M A N R B L P R K E G G S
G M O E U Y C K G C I M W
D S I K R H M T R M G C F
U K L I I M R U B O N E S
J N L O F E P H S T P Y K
V I U D A S C R E A M D O
O R B S U F B S Z H Z N O
E B U S H V D B E L L U B
Z R T L N N V A W K B G E
Y S D N O M A I D W B R T
N W P B N I L O I V H U O
M S L E W E J F K B Y B N
```

240

Solutions

53

54

55

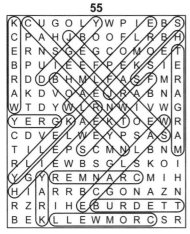

56

Solutions

57

58

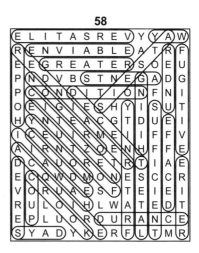

59

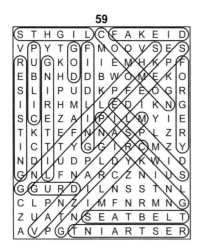

60

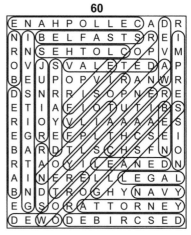

Solutions

61

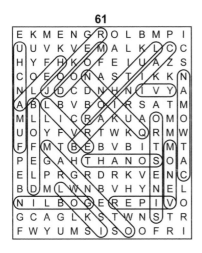

62

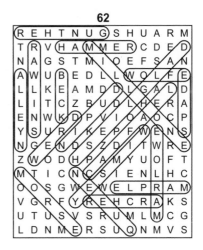

63

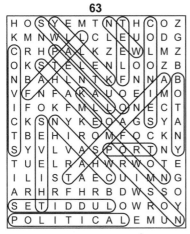

64

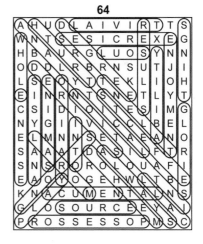

Solutions

65

66

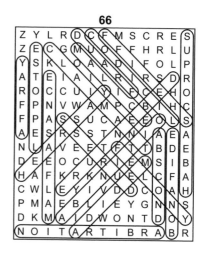

67

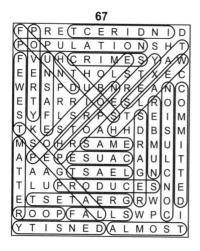

68

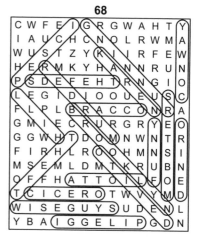

Solutions

69

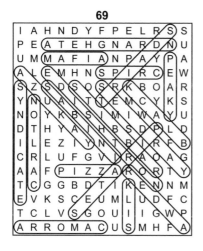

70

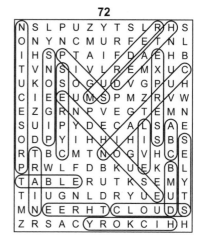

71

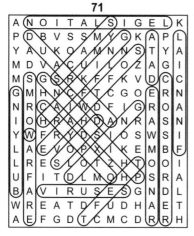

72

245

Solutions

73

74

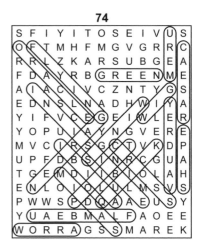

75

76

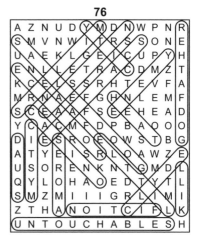

Solutions

77

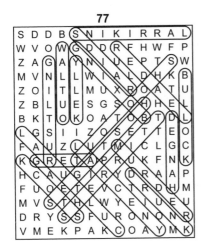

78

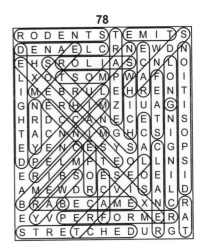

79

80

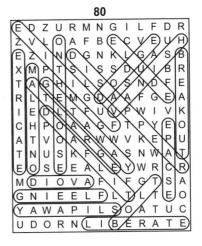

Solutions

81

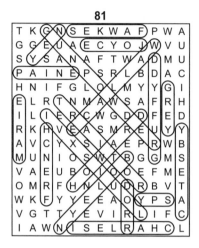

82

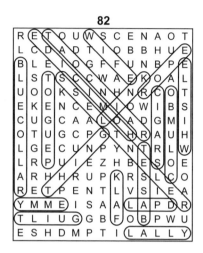

83

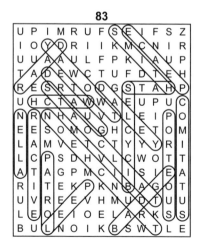

84

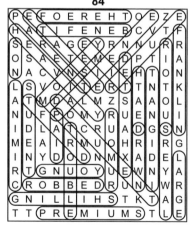

248

Solutions

85

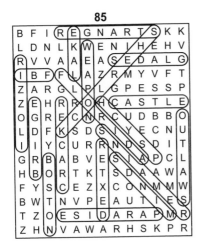

86

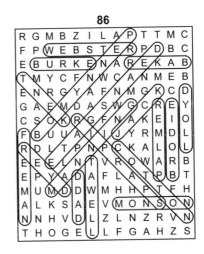

87

88

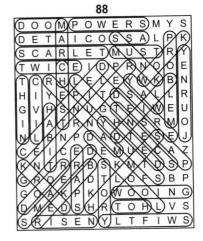

Solutions

89

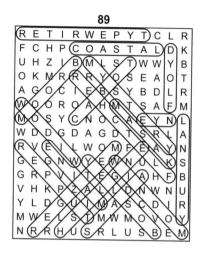

90

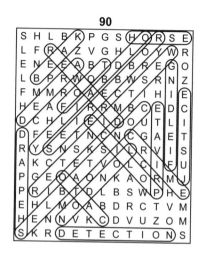

91

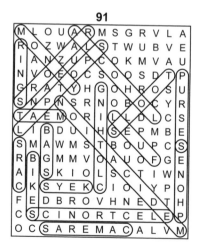

92

Solutions

93

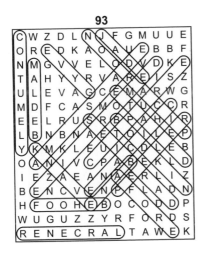

94

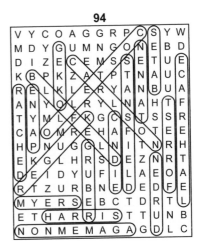

95

96

Solutions

97

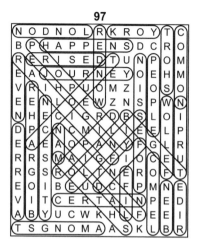

98

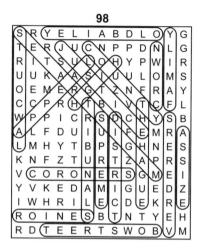

99

100

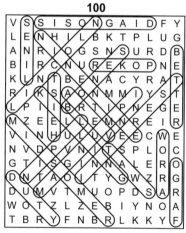

Solutions

101

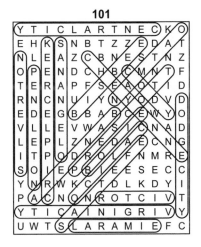

102

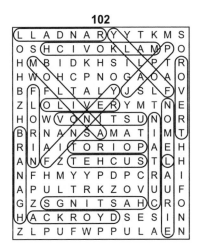

103

104

253

Solutions

105

```
R E M R A F N N U H Z R S
B C G N U M P N R E Z E B
T A L F E V O E I P L L G
S R N T B S K W T H N O N
T N F H N R N I L G N A C
R E S H A L N O C A S Z R
O S O B L S P U A R D E M
U J V E I U H P E M N N O
D U B P C O I W D D P O R
F O R O K R O R S F P R R
S A H E E B E A K Z O A I
K E L S L G G T C Z S C S
N L C G L R R O Z B L A D
Y N K U D T Y C Y E N A B
I H B L D W U S Y Z R M S
```

106

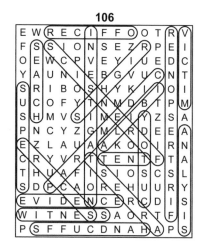

```
E W R E C I F F O O T R V
F S S I O N S E Z R P E I
O E W C P V E Y I U E D C
Y A U N I E B G V U C N T
S R I B O S H Y K I I O I
U C O F Y T N W D B T P M
S H M V S I M E I Y Z S A
P N C Y Z G M L R D E E A
E Z L A U A A K O O I R N
C R Y V R T T E N T F T A
T H U A F I S I O S C S L
S D P C A O R E H U U R Y
E V I D E N C E R C D I S
W I T N E S S A O R T F I
P S F F U C D N A H A P S
```

107

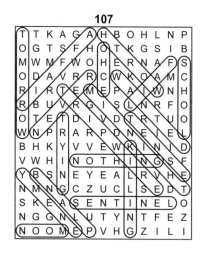

```
T T K A G A H B O H L N P
O G T S F H O T K G S I B
M W M F W O H E R N A F S
O D A V R R C W K O A M C
R I R T E M E P A X W N H
R B U V R G I S L N R F O
O T E T D I V D T R T U O
W N P R A R P D N E I E L
B H K Y V V E W K I N D
V W H I N O T H I N G S F
Y B S N E Y E A L R V H E
N M N G C Z U C L S E D T
S K E A S E N T I N E L O
N G G N L U T Y N T F E Z
N O O M E P V H G Z I L I
```

108

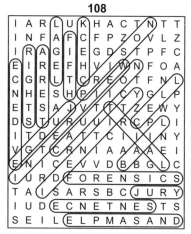

```
I A R L U K H A C T N T T
I N F A F C F P Z O V L Z
I R A G I E G D S T P F C
E I R E F H V I M N F O A
C G R L T C R E O T F N L
N H E S H P I I C Y G L P
E T S A J V T T Z E W Y
D S T U R U U I R C P L I
I T D E A T T C I I N Y
V G T C R N I A A A A E I
E N I C E V V D B B G L C
I U R D F O R E N S I C S
T A I S A R S B C J U R Y
I U D E C N E T N E S T S
S E I L E L P M A S A N D
```

Solutions

109

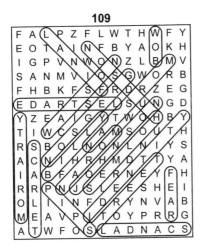

110

F A L P Z F L W T H W F Y
E O T A I N F B Y A O K H
I G P V N W O N Z L B M V
S A N M V I O S G W O R B
F H B K F S F R D R Z E G
E D A R T S E L S U N G D
Y Z E A I G Y T W C H B Y
T I W C S L A M S O U T H
R A S B O L N O N L N I Y S
A I C N I H R H M D T T Y A
I R A B F A O E R N E Y F H
R O L P N J S L E E S H E I
O M L I N F D R Y N V A B
A T M E A V P I T O Y P R R G
A T W F O S L A D N A C S

L S D E T C E L E U L B Y
A E G S U O R E G N A D E
N R A P N R U A O S O I L
O U T N G N R E T S E W F M L
I T A L H H H N S H A E A O
N E L I U T E T E I A R V G W
E F N O G E D N L S S N K O
V U G Y H L A E I E S A K C
N W H F T R O D R U E T C I
O N E E T H G I E Q R I H
C E Y T N E W T U N P O H
T S A S N A K G G O X N N
Z S I O N L L I C E G A
D L I W L U F R E W O P M

111

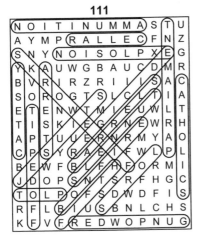

N O I T I N U M M A S T U
A Y M P R A L L E C F N Z
S N Y N O I S O L P X E G
Y K A U W G B A U C D M R
B V R I R Z R I I S A C
S O R O G T S L C L T I A
E T E N W T M I E U W L T
T I S K I E G R N E W R H
A P T U U E R N R M Y A O
C P S Y R A E I F W L P L
B E W F B L F F O R M I
J D O P S N T S R F H G C
T O L P O F S D W D F I S
R F L B I U S B N L C H S
K F V F R E D W O P N U G

255